Über dieses Buch

Mit „Daudedsching" (Tao-te-king) liegt uns eines der wichtigsten Zeugnisse der Kultur des alten Chinas vor. Dabei kann „alt" nur vage bestimmt werden, denn über den Verfasser, Laudse (Laotse), ist so gut wie nichts bekannt und auch der Text, in dem weder Eigennamen noch konkrete Bezüge auf historische Ereignisse auftreten, verhilft nicht zu einer genaueren Datierung. Lediglich stilistische Kriterien weisen auf das 3., 4. oder 5. Jahrhundert v. Chr. hin.
„Daudedsching", „Das Buch vom Dau und seiner Kraft", bestehend aus gereimten Sinnsprüchen und philosophischen Aphorismen, gliedert sich in zwei Teile; der erste legt die philosophischen Grundprinzipien dar, der zweite dagegen handelt hauptsächlich von der praktischen Anwendung des Dau. Dau bedeutet wörtlich „Weg", aber eine genaue Definition der Bedeutung des Begriffs ist nicht möglich. Umschreibend kann man sagen, daß Dau zugleich das Ur-Wissen und das Ur-Prinzip ist, also für das im Grunde unerkennbare Absolute steht.
Doch Laudse war keineswegs ein kühler, weltfremder Denker, dem es nur darauf ankam, spekulativ ein neues Weltbild zu entwerfen. Auch er wollte die unerträglichen Zustände seines Zeitalters – eine Epoche der Fürstenwillkür und brutaler Annexionskriege – verändern. Nur führte im Gegensatz zum ethischen Rigorismus eines Konfuzius und der Apotheose staatspolitischer Strenge der Legalisten sein „Weg", sein Dau, zurück in die Ungezwungenheit einer ursprünglichen „unverdorbenen" menschlichen Gesellschaft.

Literatur · Philosophie · Wissenschaft

Laudse
(Lao-tse)

Daudedsching
(Tao-te-king)

Deutscher Taschenbuch Verlag

Vollständige Ausgabe.
Aus dem Chinesischen übertragen und mit einer
Einführung, Anmerkungen sowie einem Literaturverzeichnis
herausgegeben von Ernst Schwarz.

Oktober 1980
4. Auflage Oktober 1991
Deutscher Taschenbuch Verlag GmbH & Co. KG,
München
© 1978 Reclam-Verlag, Leipzig
Umschlaggestaltung: Celestino Piatti unter
Verwendung eines alten Laudse-Bildes
Gesamtherstellung: C. H. Beck'sche Buchdruckerei,
Nördlingen
Printed in Germany · ISBN 3-423-02152-7

EINFÜHRUNG

Ein Werk wie das Daudedsching, das „Buch vom Dau und De", das schon so oft und in so viele Sprachen übersetzt worden ist, neu übersetzen und interpretieren zu wollen, ist ein Unterfangen, das einer Rechtfertigung bedarf, und als solche stellen wir den schlichten und doch so bedeutungsvollen Satz Prof. J. D. Bernals an den Anfang dieser Arbeit: *„Die größte Schwierigkeit bei einer Entdeckung liegt nicht darin, die notwendigen Beobachtungen zu machen, als darin, sich bei ihrer Interpretation von traditionellen Vorstellungen zu lösen"* (Die Wissenschaft in der Geschichte, Berlin 1967, S. 38). Das Daudedsching ist für jeden, der sich ernsthaft damit beschäftigt, eine *Entdeckung*. Die Begriffe, mit welchen der Autor operiert, sind offensichtlich vieldeutig; der Autor selbst ist so gut wie unbekannt; in dem ganzen Werk finden sich weder Eigennamen noch sonst irgendwelche Angaben, die eine zeitliche Einordnung ermöglichen, so daß sich der Zeitabschnitt, in welchem es verfaßt wurde, nur nach stilistischen Kriterien (aber Niederschrift und Konzeption müssen nicht unbedingt zusammenfallen) annähernd auf das „Jahrhundert" – nämlich das dritte, vierte oder fünfte v. u. Z. bestimmen läßt. Zu diesen objektiven Schwierigkeiten gesellt sich noch ein gewisses Abhängigkeitsverhältnis des Übersetzers zu den chinesischen Kommentatoren, welche ihrerseits wieder in einem deutlich spürbaren Abhängigkeitsverhältnis zu mystisch-religiösen, konfuzianischen, neokonfuzianischen, legalistischen und anderen Strömungen ihres Zeitalters standen und somit bewußt oder unbewußt den gedanklichen Inhalt der Lehren des Daudedsching verzerrten oder verfälschten.
An *Beobachtungen* fehlt es auch bei europäischen Übersetzern nicht. Daß nicht alle für das Verständnis des Werkes unbedingt notwendig sind, mag die *Beobachtung* des französischen Gelehrten Abel Rémusat andeuten, der in die drei Schriftzeichen „i", „hsi" und „we" des Kapitels 14 den Namen Jehovah hineinlas, was übrigens der deutsche Gelehrte Victor von Strauss ebenfalls für richtig hielt (Tao Te King, Leipzig 1924, S. 62 ff.).

Dieser extreme Fall einer von Vorurteilen behafteten Interpretation zeigt recht deutlich, welche Möglichkeiten für *Beobachtungen* ein Text – so sparsam im Ausdruck und so vage wie das Daudedsching – dem Übersetzer bietet.
Da man sich im allgemeinen aber nur in beschränktem Maße von den eigenen Vorurteilen zu lösen imstande ist, liegt die Rechtfertigung dieser neuen Übersetzung und Interpretation des Daudedsching vielleicht doch nur in der Hoffnung, daß sie ein wenig zur Auflockerung jener Krusten beitragen mögen, unter welchen sehr viel vom Geistesgut des alten China immer noch begraben liegt.
Ein Wort noch zur Aussprache und Transkription chinesischer Termini. Jedes chinesische Schriftzeichen wird *einsilbig* gelesen. Das „Tao" der herkömmlichen, dem englischen Wade-System nachgeahmten Umschrift erweist sich für den deutschen Leser aus zwei Gründen als irreführend. Erstens ergeben „a" und „o" beim Lesen keinen Diphthong – und der Chinese würde „a-o" wie „au" in „schau" aussprechen; und zweitens ist der anlautende Vokal durchaus kein hartes „T", sondern ein weicher Laut, ein „D". Daher also „Dau" statt des herkömmlichen „Tao". Ebenso ist die englische – vielfach auch bei uns eingebürgerte – Schreibweise „Te" für „De" unnötigerweise irreführend. Für das „e" in „De" allerdings gibt es im Deutschen kein Äquivalent. Es wird etwa so ausgesprochen wie die Endsilbe „er" in „Schneider", wenn man den auslautenden Konsonant „r" verschluckt.
Der Leser mag sich wundern, warum in der Übersetzung alle Wörter mit Ausnahme der dauistischen Termini Dau und De kleingeschrieben und alle – außer den für das Verständnis unbedingt notwendigen – Satzzeichen vermieden wurden. Der Grund liegt einfach darin, daß es im klassischen Chinesisch keine Wortgruppen im Sinn unserer grammatischen Begriffe gibt – und auch keine Satzzeichen! So wagten wir den Versuch, typographisch Haupt- und Zeitwörter, Satzbeginn und Satzende zu verwischen, zumindest mit diesem einzigen uns im Deutschen zur Verfügung stehenden visuellen Mittel, ihre Unterschiedlichkeit weniger auffällig zu machen. Wir hegen dabei zugleich auch die Hoffnung, den Leser in den durchgehend kleingeschriebenen und satzzeichenarmen oder satzzeichenlosen Sätzen die Zusammenhänge nach Möglichkeit selbst suchen und somit an der

Arbeit des Übersetzers gleichsam interpretativ teilnehmen zu lassen. Diese visuellen Hilfsmittel der typographischen Gestaltung greifen, soweit wir selbstkritisch zu ermitteln imstande sind, nicht purer Äußerlichkeiten wegen auf – sagen wir – Stefan George zurück, noch fühlen wir uns subjektiv eines ungebührlichen Drangs nach billiger Originalität schuldig. Und warum eigentlich sollte nicht der Leser schon rein optisch angehalten werden, bei der offenbaren Vieldeutigkeit des Gesagten denkend und deutend den Erkenntnisprozeß mit zu vollziehen?

Wer das „Buch vom Dau und De" in die Hand nimmt, wird zwangsläufig sogleich die Frage stellen: Was heißt „Dau" und „De"? Diese beiden Termini technici wurden in der Übersetzung in Transkription wiedergegeben, da jeder Versuch, sie in ein deutsches Wort zu zwängen, unfehlbar zu falschen Vorstellungen führen würde. Der Begriff De, wie er von den Dauisten und anderen Schulen gebraucht wurde, ist verhältnismäßig leicht zu erklären, kann aber doch nur dann richtig verstanden werden, wenn wir bereits eine gewisse Einsicht in die Begriffsschichtungen des Wortes Dau gewonnen haben.[1] *Dort, wo am tiefsten das tiefe, liegt aller geheimnisse pforte,* heißt es vom Dau im ersten Kapitel des Daudedsching, des „Buchs vom Dau und De". Und eben durch diese „Pforte" wollen wir versuchen, in das Gedankengebäude des Daudedsching einzudringen.

Dau kann sowohl als Hauptwort wie auch als Zeitwort gebraucht werden. Denn – und das muß vorausgeschickt werden – in der chinesischen Sprache, die bekanntlich zu den isolierenden oder amorphen Sprachen zählt, ist die Zugehörigkeit eines Wortes oder eines Schriftzeichens zu einer Wortklasse (nach unseren grammatikalischen Begriffen) meist nur durch die Stellung im Satz zu erkennen. So kann „Dau" sowohl „Weg" wie auch einen „Weg entlanggehen (oder führen)" bedeuten. Als Verbum kann *„Dau"* „leiten",

---

[1] Für eine, wenn auch nur vorübergehende, zeitbedingte und rein formale Umkehrung der Priorität des Dao vor dem De siehe den Anhangteil *Zu zwei 1973 aufgefundenen Textvarianten des Daudedsching.*

„lenken", „regieren", (einen Fluß) „regulieren", als Hauptwort „Methode", „Art" (Weise), „Fähigkeit", „Prinzip" bedeuten. Ferner steht *Dau* im Daudedsching und anderen alten Werken oft im Sinn von „sprechen", „sagen", „nennen", und diese Bedeutung hat sich durch die Jahrtausende (vor allem in der Novelle) bis heute erhalten.
In dem kanonischen „Buch der Wandlungen", in welchem kosmogonische Betrachtungen, verquickt mit mantischen Formeln und Zaubersprüchen, enthalten sind, finden wir den Satz: „Ein Yin, ein Yang, das nennt man Dau." Yin steht für Erde, für den Mond, für das weibliche Prinzip, für das Passive, Dunkle, Feuchte, Kalte usw.; Yang für Himmel, für die Sonne, für das männliche Prinzip, für das Aktive, Helle, Trockene, Warme usw. Dau erscheint hier als die Synthese der beiden. In demselben Buch heißt es weiter: „Tschien und Kun (Symbole für Himmel und Erde) sind das Tor der Wandlungen (vgl. Daudedsching, Kap. 1). Tschien ist ein Yang-, Kun ein Yin-Wesen. Yin und Yang vereinigen ihr De" – wir wollen De hier vorläufig mit Wesen übersetzen – „und werden so zur Grundlage für das Harte und Weiche (Biegsame). In ihnen verkörpern sich die Vorgänge des himmlischen und irdischen Geschehens. Durch sie wirkt das De der Geister." Yin und Yang, die wir im ersten Zitat bereits als in ihrer Dualität synonymisch mit Dau, im Dau schlummernd, in ihm immanent erkannt haben, vereinigen sich nun, um die Grundlage alles Geschehens – gleichsam als Urvater und Urmutter – zu bilden. In ihrer noch ungetrennten Gemeinsamkeit sind sie sozusagen bisexuell wie der „Zweiherr" der Azteken, Ometecutli, wie Voltumna bei den Etruskern oder Atum bei den Ägyptern, der in Selbstbegattung den Luftgott Schu (in der alten chinesischen Philosophie war „Tschi" – Atem, Luft, „Pneuma" – als feinste Substanz Substrat der Yin- und Yang-Kräfte, s. u.) gebar. Kosmogonische Mythen, in welchen sich ein himmlisches und ein irdisches Wesen paaren, finden wir in Ostasien in mehr oder minder verschleierter oder retuschierter Form in den Stammesmythen der Schang, der Dschou (s. u.), des Tschu-Volks, in der Mythe vom koreanischen Kulturheroen Dschumeng oder Dungming, in der Ainu-Mythe von Tschikisani und dem jüngeren Himmelsgott usw. Aber auch in anderen Erdteilen sind ähnliche Mythen offen-

bar autochthon entstanden, wie z. B. bei den Yuman-Stämmen im Südwesten Nordamerikas, die alle Gegenstände, welche die Menschen gebrauchen, sowie den Menschen selbst und die Tiere einem Paarungsakt der Sonne und der Erde zuschreiben.

Dau hat aber noch eine andere und für unsere Untersuchungen nicht minder wichtige Bedeutung. In alten Zeiten war Dau der Name eines Opfers, das von den Kommentatoren dem Dsu-Opfer (Dsu: Ahnen) gleichgesetzt wurde. Im „Buch der Riten" erscheint es als ein Opfer für den Gott der Wege und Straßen. Vor der Ausfahrt wurde vor der Stadt (oder dem Lager) ein Erdhügel aufgeworfen und eine Strohpuppe daraufgestellt, über die der Wagen hinwegrollen mußte. Ein Opfer gleichen Namens aber stand auch im Zusammenhang mit der kultischen Verehrung für die verstorbenen Eltern. Von den Ahnengeistern der alten Römer, den lares familiares, ist bekannt, daß sie zugleich auch als Geister der Wege und Straßen, lares viales, und der Kreuzwege, lares compitales, verehrt wurden. Die Etrusker gruben im Schnittpunkt der beiden Hauptstraßen ihrer Stadtanlagen einen Schacht aus, den sie mundus (Welt) nannten. Dieser Schacht führte nach ihren Vorstellungen zur Unterwelt, zu den Seelen der Ahnen, die durch den „Seelenstein" verhindert wurden, außerhalb der vorgeschriebenen Opferzeiten für die Verstorbenen heraufzukommen und die Lebenden zu stören. Die Einstellung den Geistern der Toten gegenüber war allgemein eine ambivalente; sie wurden geehrt und gefürchtet; man suchte ihre Hilfe, zugleich schützte man sich gegen sie, oft mit Gewaltmitteln. Da aber andererseits die zauberischen Mächte, welche dem Primitiven als Spender der wichtigsten Nahrungsmittel (Tiere und Pflanzen) erschienen, mit dem Stamm als Totem „verwandtschaftlich" verbunden waren, verschmolzen die Geister der Vorfahren mit den Totemgeistern, die ja auch als Stammesahnen galten. So kam es zu einer gewissen Identifizierung der totemistischen Fruchtbarkeitsdämonen mit den Ahnengeistern, welche in den Hochreligionen – und auch in China – zu einer zeremoniösen Ahnenverehrung führte. Das Dau- oder Dsu-Opfer scheint eine solche Verquickung von Fruchtbarkeitszauber und Ahnenkult zur Grundlage gehabt zu haben. Die Strohpuppe, welche niedergefahren wurde, läßt noch Spuren eines

Vegetationskults oder Feldzaubers erkennen. Wir können freilich nicht mehr genau rekonstruieren, wie sich dieser Typ eines Opfers mit einem Opfer für den Weg- oder Straßengott verband. Immerhin wissen wir aus historischem Quellenmaterial, daß die Dschou-Könige um das Jahr 1000 v. u. Z. noch eine Holzstatue ihres Ahnherrn mit sich führten, wenn sie in den Krieg zogen. Das „Mana" – die magische Kraft der Ahnen und des Totems – erwirkte nicht nur Fruchtbarkeit im Frieden, sondern brachte auch Glück im Kriege.

Das Schriftzeichen Dau besteht aus dem Zeichen für Kopf und einem sogenannten Radikal oder Determinativum, welches „gehen" bedeutet. Die Häufigkeit, mit welcher das Wort Dau in der Bedeutung von „Weg" im abstrakten und konkreten Sinn des Begriffs auftritt, verleitet dazu, sich eben damit zufriedenzugeben und nicht weiter nach einer noch tiefer gelegenen Grundbedeutung zu forschen. Dafür scheint ja auch die Kombination der beiden eben erwähnten Schriftzeichen zu sprechen, die sich dann etwa folgendermaßen erklären ließe: Kopf steht pars pro toto für Mensch, und dieser Mensch „geht auf einem Weg" (das Zeichen für „gehen" deutet einen Weg an) in einer bestimmten Richtung – sozusagen dem prominentesten Teil seines Gesichts – der Nase nach. Es wäre jedoch ebensogut möglich, daß der Akzent dieser Zeichenkombination ursprünglich nicht auf „gehen" oder „Weg" lag, sondern auf „Kopf" und daß erst nach einem entsprechenden Bedeutungswandel das Radikal „gehen" hinzugefügt wurde. In der alten Literatur erscheint das Schriftzeichen Kopf auch in der Bedeutung (mimetisch) „ausdrücken", (seinen Gefühlen) „Ausdruck geben" (Buch der Riten, Kap. 37); und selbst noch im heutigen Sprachgebrauch hat sich eine Nebenbedeutung des Zeichens „Kopf" (chinesisch: schou) in dem Binom dse-schou (dse: selbst) erhalten, was soviel wie „sich schuldig bekennen" (seine Schuld „selbst nennen") heißt. Wenn wir uns nun vor Augen halten, daß Dau im Daudedsching und in anderen Quellen häufig im Sinn von „sprechen", „reden", „sagen", „nennen" gebraucht wurde und daß sich diese Bedeutung durch die Jahrtausende bis heute beharrlich erhalten hat, so ergibt sich hypothetisch die Möglichkeit, die Grundbedeutung des Wortes Dau innerhalb dieses Begriffsbereichs zu suchen. In den ältesten schriftlichen Aufzeichnungen Chinas – den in Tierknochen eingeritzten sogenannten „Orakelinschriften" (15. bis 12. Jahrhundert v. u. Z.) – erscheint das Schriftzeichen „Kopf" als reines Ideogramm, und zwar als ein Tierkopf oder, besser gesagt, als Tiermaske. Wir wissen aus authentischen Berichten über die kultischen Bräuche vieler Stämme, daß das Tragen einer Maske den Träger in das von ihm dargestellte Wesen verwandelt, daß er also nicht mehr er selbst ist. Ein bekanntes Beispiel hierfür ist der Kačina-Kult der Pueblo-Stämme (Zuñi). Der Geist des betreffenden übersinnlichen Wesens oder Totems erscheint in und spricht aus der Person des Maskenträgers. Und selbst die uns so geläufigen Wörter „Person", „personifizieren" usw. leiten sich von einem lateinischen Wort „persona" ab, das Maske (des Schauspielers) bedeutet. Die Stimme, die aus dem Mundschlitz dieser Maske hervortönte, gehörte eben dem dargestellten Charakter an, nicht mehr dem Darsteller. Eine andere Person sprach aus ihm, „tönte durch" die Maske; denn dem Hauptwort „persona" (Maske, dann Rolle, Charakter, Persönlichkeit usw.) lag das Zeitwort „personare" – durchtönen – zugrunde. Neben der äußeren Erscheinung, der Maske, die dem Darsteller eine andere „Persönlichkeit" aufzwang, wirkte diese auch durch ihn mittels der Worte, die er sprach oder rezitierte – mittels ritueller Formeln, Zaubersprüche oder Beschwörungen. Denn die Macht des Wortes und der Analogiezauber bedeuten für den Primitiven weitaus mehr, als wir uns vorzustellen imstande sind. Noch bei vielen Kulturvölkern haben sich beredte Zeugnisse dieser Vorstellungswelt erhalten. Die Ägypter dachten, daß Ptah die Welt durch das Wort erschuf, daß die Dinge in dem Augenblick Wirklichkeit wurden, als er sie bei Namen nannte. Die alten Inder betrachteten die „Göttin der Rede als Schöpferin und Lebenskraft des Alls" (W. Ruben, Geschichte der indischen Philosophie, Berlin 1954, S. 68). Und selbst Plato und Aristoteles glaubten noch, daß der Name eines Wesens oder Gegenstandes in seinem Inneren als unsichtbarer Kern verborgen liege. Und was ist schließlich das biblische „Im Anfang war das Wort" anderes als ein Nachklang jenes primitiven Glaubens an die Allmacht des Worts – jener großen Schöpfung des Menschen, die ihn aus der Tierwelt heraushob und zu einem gesellschaftlichen Wesen und Herrn über die Naturkräfte

machte. Im 25. Kapitel des Daudedsching sagt der Autor: *des alls urmutter könnte man es nennen, ich kenne seinen namen nicht, ich nenne es Dau.* War das Dau für ihn wirklich bereits eine reine Abstraktion, ein philosophischer Begriff, oder waren ältere, noch vom Magisch-Mythischen stammende Hüllen daran haftengeblieben?
Wir wollen hier vorerst zusammenfassen: Vermutlich lag die ursprüngliche Bedeutung des Wortes Dau im Begriffsbereich „sprechen", „reden", „sagen", „nennen", woraus sich in dem obenerwähnten Sinn die Bezeichnung einer oder mehrerer kultischer Handlungen (Opfer mit ihrem gesprochenen Ritual) ergab.

In der philosophischen Literatur des chinesischen Altertums wurde der Begriff Dau von den verschiedenen Schulen auch unterschiedlich aufgefaßt. Aber selbst bei den Konfuzianern, die diesen Terminus meist im Sinn von „richtiger Weg" (für die Lenkung des Staats, der Gesellschaft) gebrauchten, wird das Wort Dau gelegentlich dem Wirken oder Wollen des Himmels gleichgesetzt. Und auch der Legalist und Pragmatiker Hanfedse, der für eine klare Formulierung der Begriffe eintrat, konnte sich den magisch-mythischen Banden, von welchen das Wort Dau umstrickt war, nicht entziehen. Von den fünfundfünfzig Kapiteln seines nach ihm benannten Werkes (das Buch „Hanfedse") widmete er zwei (die Kapitel 20 und 21) der Interpretation einiger Abschnitte des Daudedsching, die er allerdings im Geist des Legalismus (s. u.) der ausgehenden Periode der Streitenden Reiche (403 bis 221 v. u. Z.) oft in ausgesprochen sinnwidriger Weise deutete. Dort lesen wir: „Der Weise betrachtet das Dunkle Unsichtbare (wörtlich: Dunkle, Leere), macht Gebrauch von seiner zyklischen Bewegung und nennt es, indem er ihm gezwungenermaßen einen Namen gibt, Dau. So erst ist es möglich darüber zu sprechen. Darum heißt es (im 1. Kapitel des Daudedsching): *Sagbar das Dau, doch nicht das ewige Dau.*" In viel stärkerem Maße trat der magisch-mythische, kosmogonische und kosmologische Charakter des Begriffs Dau in den Schriften der dauistischen Schule hervor. So schreibt Dschuangdse (wahrscheinlich 365–286 v. u. Z.) im 6. Kapitel des gleichfalls nach ihm benannten Werks „Dschuangdse": „Das Dau besitzt Wirklichkeit und Verläßlichkeit, ist aber weder tätig noch hat es Gestalt. Es kann übertragen, aber nicht gelehrt (?), empfangen, aber nicht gesehen werden. Es entstammt sich selbst und wurzelt in sich selbst. So war es, ehe es Himmel und Erde gab, denn es bestand von jeher. Den Totengeistern und den Ahnen verleiht es Zauberkraft, und es gebar den Himmel und die Erde..." Neben rationell erscheinenden Abstraktionen wie Wirklichkeit (das Schriftzeichen tsching bedeutet hier „wahrscheinlich" Wirklichkeit; eine genaue Bestimmung findet sich eigentlich in keinem der Kommentare) und Verläßlichkeit (gesetzmäßiger Ablauf des Natur-, Weltgeschehens), welche an den Urstoff oder das Urprinzip (arche) Anaximanders und den Logos-Begriff Heraklits erinnern, zeigen Vorstellungen wie der unmittelbare Nexus des Dau mit der Zauberkraft der Totengeister und Ahnen, daß die Nabelschnur, welche den Autor mit der alten Stammesmagie verband, noch nicht gerissen sein konnte. Und haben wir nicht eben erwähnt, daß das Dau vermutlich aus dem Begriffsbereich des „magischen Worts" entsprang, daß es ein Opfer, ja ein Ahnenopfer war?

In den naiven Vorstellungen der Primitiven gehören zum Gefüge des Stammes nicht nur seine menschlichen Mitglieder, sondern auch der Nahrungsspender des Stamms, das Totemtier, die Totempflanze u. ä., welche als Ahn oder Urahn in den Stamm mit einbezogen werden. Mit der fortschreitenden Ausdehnung der Lebenssphäre des Stamms erweitert sich der Stammesbegriff auch auf dem Menschen vertraute Erscheinungen der Umwelt. Das Universum wird für ihn zum Großen Stamm. Die Erscheinungen dieses von Stammesbegriffen umflochtenen und durchwirkten Universums sind somit nach seiner Auffassung der gleichen sozialen und rituellen Ordnung unterworfen, auf welcher sein Stammesleben beruht. Seine Vorfahren waren es, die durch ihre schöpferische Tätigkeit alles, was täglich im Stamm – im Universum geschieht, ursprünglich ins Leben riefen oder ermöglichten. Ein normaler und gesicherter Ablauf dieses Geschehens scheint ihm aber nur dann gewährleistet zu sein, wenn die Schöpferkräfte der Ahnen regelmäßig erneuert werden. Das wird erreicht durch die pünktliche und genaue Befolgung des Stammesrituals und die Initiation der Jugend. Bei ackerbautreibenden Völkern verband sich das alte

Stammesritual mit einer magischen „Vorsorge" für den normalen Ablauf der Jahreszeiten, die, von der Magie zu protowissenschaftlichem Denken übergreifend, zu astronomischen Beobachtungen und zur Schaffung des Kalenders führte. Als eine Folge der Arbeitsteilung übernahm ein Schamane oder Priesterhäuptling die Aufgabe, für die rituellen „Erfordernisse" des Naturgeschehens zu sorgen. Der *weise* im Daudedsching, der die Dinge wachsen läßt (Kap. 2), der Taten verrichtet – *von selbst getan erscheinen sie dem volk* (Kap. 17) – trägt noch Züge eben jener mit der „Vorsorge" für Tiere und Nährpflanzen, für Regen, für den regelmäßigen Ablauf der Jahreszeiten und den Gang der Gestirne Beauftragten. Über die Stammespriester der Zuñi schreibt Ruth Benedict: „Im Juni, wenn das reifende Korn Regen benötigt, ... sitzen sie reglos und konzentrieren ihre Gedanken auf Dinge des Zeremoniells... Priester, denen der Regenzauber gelungen ist, werden von allen auf der Straße begrüßt und mit Dank überschüttet. Sie haben ihr Volk mit mehr als Regen beschenkt. Sie haben es in all seinen Lebensformen aufrechterhalten. Ihre Stellung als Schützer des Volkes ist damit gerechtfertigt." Und die Priester sagen:

> „Und selbst jedes Käferlein,
> jedes schmutzige Käferlein,
> fest laß sie mich alle halten,
> keines meinem Griff entfallen.
> Mögen meiner Kinder Wege
> allesamt Erfüllung finden..."
> (Patterns of culture, New York 1934, S. 69, 70)

Und was sagt das Daudedsching?

> *so bewahrt der weise die menschen gut*
> *und keinen übersieht er*
> *bewahrt die dinge gut*
> *und keines übersieht er...* (Kap. 27)

Der Zuñi-Priester wirkt „reglos". Im Daudedsching (Kap. 45) lesen wir: *reine stille gibt der welt das rechte maß zurück*.

Der aufmerksame Leser des Daudedsching wird in der Gestalt des dauistischen *weisen* vieles finden, das augenscheinlich dieser Vorstellungswelt, diesem Lebensgefühl entspricht. Und daraus erklärt sich auch, warum in China (aber ebenso in anderen Gebieten der Erde) Naturkatastrophen als die „natürliche" Konsequenz wirklicher oder vermeintlicher ritueller und später moralischer Vergehen der Schamanen, Könige oder Kaiser diesen persönlich zur Last gelegt wurden. Ein Rest ähnlicher Vorstellungen steckte sicher auch in den Hexenverbrennungen in Europa.

Als dann infolge verbesserter Produktionsmittel und der Unterjochung fremder Stämme die Bedingungen für die Reproduktion der Lebenserfordernisse sich allmählich zu einer Mehrproduktion ausweiteten, hoben sich die Träger der Machtmittel des Stamms – die mit dem Stammesritual und der Kriegführung beauftragten Einzelpersonen oder Gruppen – aus der Masse der Stammesmitglieder heraus. Sie usurpierten die Insignien dieser Macht. Der Besitz der Ritualgegenstände verbürgte ihnen Vorrechte innerhalb der Stammesgemeinschaft. So wurde in China der Häuptling und Stammesschamane, später der Fürst, König oder Kaiser zum Symbol der „zusammenfassenden Einheit" des gesamten Stammesbesitzes, die über den kleinen Gemeinwesen stand (s. Karl Marx, Grundrisse der Kritik der politischen Ökonomie, Berlin 1953, S. 376). Dieser Prozeß der Herausbildung einer Verkörperung der rituellen, ökonomischen und politischen Macht in einer Einzelperson bzw. einer von ihr geleiteten Verwaltungsbehörde wurde in China durch die Notwendigkeit ausgedehnter Bewässerungsanlagen und Flußregulierungen gefördert. Es ist zweifellos kein Zufall, daß die Dauisten so häufig „Wasser" als Symbol für ihr Dau wählten. In dem von dauistischen Gedanken stark beeinflußten Sammelwerk „Guandse" (wahrscheinlich 3. Jahrhundert v. u. Z.) wird im Kapitel 39 die Bedeutung des Wassers aus dem Symbolhaften deutlicher herausgelöst: „Der Weise sucht bei seiner wandelnden Einwirkung auf die Welt eine Erklärung (für die sittlichen Eigenschaften des Volks) in der Beschaffenheit der Gewässer. Denn sind diese einheitlich, so ist das Herz des Volkes maßvoll ... Darum ... sucht er nicht den Einzelnen zu bereden, noch geht er predigend von Haus zu Haus, sondern sieht den Angelpunkt (seiner sittlich wandelnden Wirkung) im Problem des Wassers." Es darf uns daher nicht wundernehmen, daß der Begriff Dau sich von „sprechen", „reden", „nennen" („besprechen" – dem magischen Wort der rituellen Beschwörung) und „Ahnenopfer", „Opfer für den Weggott" zu Begriffen wie „leiten", „lenken", „regieren", „Flußregulierung" usw. erweiterte. Als nächst höhere Abstraktion ergaben sich dann Begriffe wie „Methode des rechten Regierens", „Methode der Flußregulierung" und schließlich „Weg" (im abstrakten Sinn: Weise, Art, Prinzip) und „Methode" schlechthin.

Der hier dargestellte Entwicklungsprozeß bildet in seiner Reversion, d. h. in der ideellen Rückführung zu seinem Ausgangspunkt, die Grundtendenz der frühen dauistischen Schriften. Das Daudedsching bleibt uns in seinen wesentlichen Zügen unverständlich, wenn wir uns nicht vor Augen halten, daß sein Verfasser ebenso wie Dschuangdse und andere frühe Dauisten in einer Epoche tiefwirkender ökonomischer, politischer, sozialer und ideologischer Erschütterungen und Umgestaltungen in der Propagierung einer „Rückkehr" – einer „Heimkehr" zu naiver Ursprünglichkeit – den einzigen Ausweg aus einer scheinbar hoffnungslosen Lage sahen. Es ist anzunehmen, daß sie solche in „naiver Ursprünglichkeit" lebende Menschen noch mit eigenen Augen gesehen hatten. Denn auf dem Territorium des Staates Tschu (im Gebiet der heutigen Provinzen Hunan, Hube und Kiangsi), wo die „Südliche Schule", die Schule der Dauisten, blühte, lebten damals und sogar noch viel später Stämme, bei welchen neben Brandfelderwirtschaft das Sammeln von Nahrungsmitteln, Fischfang und Jagd eine wesentliche Rolle spielten (vgl. Si-ma Tschien, Schidschi – „Historische Aufzeichnungen", Kap. 129).
Aber lassen wir einen Dauisten selbst sprechen: „Zu jener Zeit (der Zeit des ‚Höchsten De') gab es weder Pfade über die Berge, noch führten Boote oder Brücken über die Gewässer. Die Dinge gediehen in Eintracht. Die Gemeinden standen (lose) miteinander in Verbindung... Die Menschen lebten gemeinsam mit den Vögeln und Tieren und bildeten mit allen Dingen eine Sippe. Konnten sie da etwa von einem Unterschied zwischen Herr und Knecht wissen? Alle lebten in gleicher Unwissenheit, und ihr De verließ sie nicht. Alle waren in gleicher Weise frei von Begehr – und das mag man ‚reine Unverdorbenheit' nennen. Solange die ‚reine Unver-

dorbenheit' währt, bewahrt die Natur des Volks ihr Ureigenstes. Als sich aber dann die ‚Weisen' krampfhaft um ‚Güte' bemühten und selbstherrlich von ‚Tugend' sprachen, begannen sich überall Zweifel zu regen. Und als sie dann auch die (Ritual-, Volks-) Musik willkürlich abänderten und die Riten verzerrten, da begannen sich unter den Menschen (soziale) Unterschiede zu zeigen. Denn kann man Opfergefäße her-, stellen, ohne die ureigenste Art (des Materials – Holzes?) zu verderben? Jadezepter schnitzen, ohne reine Jade zu zerstören? ‚Güte' und ‚Tugend' einführen, ohne das Dau und De abzutun? ‚Musik' und ‚Riten' in Mode bringen, ohne das Volk seiner Natur zu berauben? ... Die ureigenste Art eines Stoffs zu verderben, um daraus Gegenstände zu formen, ist ein Vergehen des geschickten Handwerkers. Aber das Dau und De zu zerstören, um daraus ‚Güte' und ‚Tugend' zu machen, das ist wohl die Schuld der ‚Weisen'..." (Dschuangdse, Kap. 9).

In dieser Passage fällt zunächst auf, daß der Autor wesentliche Merkmale der urgesellschaftlichen Vorstellungswelt erkannte oder erahnte, die der anthropologischen Forschung infolge kirchlich-dogmatischer Vorurteile lange verschlossen oder verschleiert blieben. Die Umwelt, das Universum, Tiere, Vögel, „alle Dinge" erscheinen hier als „versippt" mit dem Menschen: sie gehören gemeinsam mit ihm dem Großen Stamm an. Die Schuld an dem „Sündenfall", welcher den in Eintracht mit seinem Universum lebenden Menschen aus dem natürlichen Zusammenhang mit seiner Umwelt herausriß und den „Herrn" über den „Knecht" stellte, wird auch hier wie in der Bibel der „Erkenntnis", dem „Wissen" (vgl. Daudedsching, Kap. 19, 20, 65, 81) angelastet, nur daß der eigentliche Schuldige nicht ein Gott oder dämonischer Versucher ist, sondern der Mensch selbst – ein sich aus der Masse heraushebender Mensch, der nun seine, nicht die natürliche Sittlichkeit predigt: der „Weise". Welchen Weisen Dschuangdse meinte, ist nicht schwer zu erraten, denn in all seinen Werken ebenso wie im Daudedsching kommen zwei Kategorien von Weisen vor: die „selbstherrlichen", der Gewalt dienenden oder sie verkörpernden und jene, welche mit „allen Dingen" in Einklang stehen und dem Dau und De gehorchen, indem sie es in sich, den Menschen und im Universum in „reiner Unverdorbenheit" wirken lassen.

Der „Sündenfall" vollzieht sich in Etappen: er beginnt mit dem Verlust der „Unwissenheit" – der Unmittelbarkeit des Menschen in seinen Beziehungen zu seinem gesellschaftlichen Sein, zu sich selbst und zur Natur. Die große „Sippe" (der Große Stamm), der der Mensch gemeinsam mit „allen Dingen" angehörte, ist damit zerfallen. Der Mensch gewahrt (und hier setzt die „sündhafte" Erkenntnis ein) sein individuelles De (sein vom Dau stammendes und ihn mit diesem vereinigende Wesen), und so verliert er die natürliche, unbewußte Fähigkeit, sich in die Ordnung des Dau „in Eintracht" einzufügen. „Wissen", „Erkenntnis" der eigenen abgesonderten Wesenheit wie auch anderer Wesenheiten führt nicht nur zu Differenzierungen, sondern auch zu Begehrlichkeit, und verkehrt damit das De – das „Mana", die im Einzelwesen wirkende ursprüngliche Kraft – in ein Instrument, das nicht mehr dem Wohl des Ganzen, des Großen Stammes dient, sondern zur Förderung der Bedürfnisse des Einzelnen gegen die Gemeinschaft verwendet wird. „Güte" und „Rechtschaffenheit"[1] werden jetzt von den Menschen gefordert, da sie mit dem Zerfall der Einheit zur Erkenntnis gelangen, *daß gut das gute, so gibt es das böse* (Daudedsching, Kap. 2). Es gilt daher, „wahres Wissen" zurückzugewinnen, was nur dann geschehen kann, wenn man das „falsche Wissen" wieder verlernt. Und ähnlich wie Johannes der Täufer von Jesus sagte: „Er muß wachsen, ich aber muß abnehmen", so sagt das Daudedsching von jenen, die dem Dau nachstreben: *wer dem lernen ergeben, gewinnt täglich, wer dem Dau ergeben, verliert täglich* (Kap. 48). Um die neue „Moral" der „Güte" und „Rechtschaffenheit" dem Volk zu veranschaulichen und einzuprägen, änderten die „Weisen" die Musik – die alten Ritualgesänge und Volksweisen – und verzerrten die Riten. Damit war nicht nur die Loslösung des Menschen von seiner natürlichen Umwelt, sondern auch die Auflösung der sozialen Einheit besiegelt. Die Schuld an diesem Niedergang des Menschengeschlechts tragen nach Dschuangdse und dem Daudedsching die „Weisen". Die

---

[1] Das chinesische Schriftzeichen „I" – mit Rechtschaffenheit übersetzt – entspricht allerdings nur annähernd dem deutschen Begriff. Es bedeutet eigentlich die moralische Pflicht (und deren Befolgung), seinen Nächsten, insbesondere aber den Höhergestellten ihrem Alter, Rang und ihrer Würde gemäß zu begegnen bzw. zu dienen.

Erwähnung von „Jadezeptern" in der oben zitierten Stelle deutet an, wen die frühen Dauisten mit diesen „Weisen" meinten: jene, die weiße Jadestücke (ein Symbol für sittliche Reinheit) zerbrachen, um daraus Insignien der Macht zu formen.
Wer die Kapitel 13, 17, 38, 39 und 49 des Daudedsching aufmerksam liest, wird den oben angedeuteten Entwicklungsgang und das Bestreben, ihn in ideeller Reversion zu seinem Ausgangspunkt zurückzuführen, unschwer wiedererkennen. Nur daß das Daudedsching in seiner aphoristischen Gedrängtheit diese Frage freilich nicht so ausführlich behandelt wie der mehr in die Breite gehende „lyrische Prosaist" (oder „Essayist") Dschuangdse.
Wir haben den etymologischen (eigentlich semasiologischen) Weg gewählt, um zu zeigen, wie tief der Begriff Dau in alten magischen Vorstellungen verwurzelt war und um seine Bedeutsamkeit in der sozialgeschichtlichen Entwicklung Chinas anschaulich zu machen. Damit ist aber der Begriff Dau noch keineswegs ausgeschöpft. Wie jedes philosophische System waren auch das Daudedsching und Dschuangdses Werk Versuche, angesichts schwer erklärbarer oder unerklärbarer Erscheinungen in der menschlichen Gesellschaft, im menschlichen Wesen und in der Natur zu einer Selbstverständigung, zur Erkenntnis und Bestimmung der eigenen Position in der Gesellschaft und im Universum zu gelangen, die Gesellschaft und Natur als Ganzes und in ihren Wechselwirkungen zu begreifen und die so gewonnenen Erkenntnisse auch anderen zugänglich zu machen – sie auf mehr oder minder breiter Basis praktisch-gesellschaftlich zu verwerten. So wirken im Begriff Dau (auch im De und anderen Begriffen) Elemente mit, die wir aus der begrifflichen Gesamtheit als „magisch" heraussezieren können. Aber damit wäre dieses magische Element eben nur ein extrahierter Bestandteil des Ganzen, ein seiner Funktion beraubter Bestandteil. Denn – und wir wollen es hier vorwegnehmen – wenn auch traditionell bedingte und gebundene Vorstellungen den frühen Dauisten bei der Errichtung ihres Gedankengebäudes als natürliche Bausteine dienten, so drängte es sie doch danach, das alte geistige Erbe ihrer eigenen Zeit anzupassen, es in möglichst logischer Form auszubauen und über seine Begrenzungen zu erheben.

Die eingangs erwähnte Definition des Dau als ursprüngliche Einheit der Yin- und Yang-Kräfte war offenbar eine Abstraktion, deren Wurzeln in einem Fruchtbarkeitszauber bzw. Ahnen- oder Totemkult, also im frühen Stammesritual zu suchen sind. Im Daudedsching wird der Abstraktionsprozeß zwar noch weiter fortgeführt, und doch trat der alte konkrete magische Begriffsinhalt immer noch deutlich genug hervor. Das Dau ist *nicht nennbar* (Kap. 1), *unhörbar, unfaßbar* (Kap. 14) – Bestimmungen, die nach Spinozas „Omnis determinatio est negatio" (jede Bestimmung ist eine Negation) nichts Positives über das Dau auszusagen vermögen. *ein etwas gibt es, aus dem chaos geworden, früher als himmel und erde entstanden* (Kap. 25) – eine undefinierbare Urmaterie (oder Urkraft), die als *einsam-stilles, endlos-weites, in sich allein, unwandelbar, kreisend, doch nie sich erschöpfend* (ebd.) zwischen Chaos und Weltenursprung steht und, beide umspannend, die Attribute der Ewigkeit, Unvergänglichkeit, Unbeweglichkeit und Unzerstörbarkeit besitzt, zugleich aber die prima causa alles Werdens und Geschehens ist. Dazu bedarf es keines Anstoßes von außen. Diese Urmaterie „entstammt", wie wir in dem Zitat aus dem Buch „Dschuangdse" gesehen haben, „sich selbst und wurzelt in sich selbst". Die Bewegung ist ihr immanent, zeigt sich aber erst als solche in der *zweizahl*, der *dreizahl*, der *vielzahl* – den Einzelerscheinungen des Dau, welche, *getragen vom Yin, umfangen vom Yang ... durch den allumfassenden krafthauch* (Tschi: Atem, Hauch – an das Pneuma des Anaximenes und der Stoiker erinnernd), in harmonischer Einigung Gestalt erhalten (Kap. 42). Ebensowenig wie Spinoza die Entstehung der Modi (Einzelwesen) aus der Substanz zu erklären vermochte, konnte im Daudedsching eine wirklich rationelle Lösung für die Frage der Entstehung der *vielzahl* aus dem ruhevollen, unwandelbaren *einen* gefunden werden. Im kosmogonischen Abschnitt des Kapitels 42 verliert sich der Autor in Zahlenmystik, die jedoch in ihrer Reihenfolge nach unten einer realen Grundlage nicht entbehrt. Die *vielheit* der Lebewesen entspringt der *zweiheit*, dem Elternpaar, und – weiter zurückverfolgt und gedacht – dem Urelternpaar. Nach oben zu hingegen entschlüpft der Zahlenbegriff in den Bereich mystischer Spekulation.

Das Kapitel 40 spricht vom Ursprung der *zahllosen dinge* aus dem *seienden; das seiende – es entsprang dem nichtseienden* heißt es in der nächsten Zeile. Über die Bedeutung des Nichtseienden, des „Leeren" (im Original gleichfalls das Schriftzeichen „wu": Nichts, Nichtseiendes) spricht der Autor insbesondere im Kapitel 11, und auch im Buch „Dschuangdse" und anderen dauistischen Schriften wird dieser Begriff immer wieder in den Vordergrund gerückt und mit Ehrfurcht behandelt. Nun dürfen wir nicht, wie es später unter dem Einfluß der buddhistischen Lehre geschah, das „wu" der frühen Dauisten einem absoluten Nichts gleichsetzen. Professor Ni Tsching-yüan wies anhand etymologischen Materials nach, daß das Schriftzeichen „wu" sich ursprünglich aus einer Kombination der Zeichen „Wald" und „Feuer" zusammensetzte. Ein niedergebrannter Wald besteht zwar nicht mehr aus Bäumen, aber diese sind nicht spurlos verschwunden: sie „sind" jetzt Asche. Als gedankliches Substrat des Begriffs „wu" ist offenbar der Zustand des Noch-Nicht-Seins oder Nicht-Mehr-Seins wie auch der Prozeß, durch welchen dieser Zustand hervorgerufen wurde, zu verstehen. Darin birgt sich das Werden als Übergang vom Seienden zum Nichtseienden, was eine Reversion des Prozesses nicht ausschließt: das Leere kann sich wieder füllen, und auch der niedergebrannte Wald vermag wieder aufzuerstehen – wie der Vogel Phönix aus der Asche. Aber ohne die Objektivität des Leeren ist auch die Realität des Seienden undenkbar. Ähnliches besagt der Ausspruch Demokrits: „Das Sein ist nicht mehr als das Nichts, und das Volle (die Atome) um nichts mehr als das Leere." Im Daudedsching ist das Nichtseiende ein Attribut des Dau, von dem letztlich nur ausgesagt werden kann: *das Dau als ding – ein schattenhaftes ist es, nebelhaftes* (Kap. 21) ... *das auge sieht es und erkennt nichts, das ohr hört es und vernimmt nichts, wer nach ihm handelt, dem versagt es nichts* (Kap. 35). Auch hier greifen philosophische Abstraktionen und aus primitiveren Bereichen überkommene Vorstellungen ineinander. So *bringt seiendes gewinn, doch nichtseiendes nutzen* (Kap. 11) – eine Feststellung, in der sich zwei Gedanken überschneiden: die auf Beobachtung beruhende Erkenntnis, daß die Existenz und Entfaltungsmöglichkeit des Räumlichen das Leere, den Hohlraum, das Nichtseiende als Voraussetzung benötigt; und die teils auf

Beobachtung, teils auf animistischen Traditionen basierende Vorstellung, daß nichtwahrnehmbare Kräfte, die sich also nur durch die Negation kennzeichnen lassen, positive Wirkungen hervorbringen können. Die Wirkungsweise des Dau, des Schamanen, des Priesterhäuptlings und nicht zuletzt auch des dauistischen Weisen trägt unverkennbare Züge jener alten animistisch-ritualistischen Tradition. Daher auch die Ehrfurcht, mit welcher die Dauisten das „wu" – das „Nichtseiende" – behandeln.

In den Kapiteln 14, 16 und 40 des Daudedsching wird „Rückströmen", „Rückkehr" als „Bewegung" des Dau angegeben. Eine objektive Grundlage für den Gedanken dieser Rückkehr bot der Rhythmus der Jahreszeiten, der in seinem zyklischen Ablauf den Lebensrhythmus ackerbautreibender Völker bestimmt. Dem Wort Dau selbst haftete die Bedeutung der magischen „Vorsorge" für den normalen Jahresablauf, die Wiederkehr der Schöpferkräfte der Ahnen ebenso wie der segenspendenden Regenfälle und einer reichen Ernte, das Wiedererstarken der winterlichen Sonne usw. an. Im Dau ruhten und wirkten die Yin- und Yang-Kräfte, die als Wärme und Kälte, Regen und Trockenheit für das Gedeihen der Saat, das Reifen des Getreides, kurz: das Werden der Dinge aus dem „Nichtseienden" ausschlaggebend waren. Und vielleicht wurde die Sehnsucht nach einer „Rückkehr" zur *ursprünglichkeit und unverdorbenheit* in den frühen Dauisten auch dadurch wachgerufen, daß sie selbst Stämme kannten, deren gentilgesellschaftliche Lebensformen noch verhältnismäßig unberührt geblieben waren.

Wenn wir das Dau philosophisch als Ursubstanz auffassen in einem ähnlichen Sinn wie die Substanz Spinozas – und dieser Gedanke drängt sich dem Leser des Daudedsching unwillkürlich auf –, als materiellen Urgrund alles Seins, als schaffende Natur (natura naturans), so ist der Gedanke der Rückkehr der vom Dau ausströmenden Kräfte sehr naheliegend. Wie könnte das Dau denn sonst ewig und unerschöpflich sein? Bei Spinoza sind Ausdehnung und Denken Hauptattribute der Substanz. Das Dau der Dauisten ist zwar ein *nichtseiendes*, aber keineswegs ein absolutes Nichts. Es besitzt zumindest das Attribut der Ausdehnbarkeit gleichwie die Potenz, ein *seiendes* zu werden. In dem dialektischen Verhältnis von Unendlichem (Dau) und Endlichem (Einzelerscheinungen) wirkt es als zeugende Kraft durch sein zweites Hauptattribut: das Ausströmen und Rückströmen des Tschi (Pneuma), eine ihrem Wesen nach an Materielles gebundene Bewegung, welche die Dauisten abstrakt mit *rückkehr* bezeichneten. Das Tschi formt sich zum De, dem Wesen oder der Wesenheit der Gattungen und Einzelerscheinungen, in welchen sich die Potentialität des Dau (des *nichtseienden*) in die Aktualität des Seienden umwandelt, um in zyklischer Bewegung in die ewige, unendliche, unnennbare Potentialität des Dau zurückzukehren.

Die Frage ist nun, wie sich die frühen Dauisten diese Rückkehr vorgestellt haben mögen. „Rückkehr" ist nur möglich, wenn eine Bewegung irgendwann einen Anfang genommen hat. Daher ist in den kosmogonischen Passagen in dem Begriff *rückkehr* zweifellos ein vorhergehendes Ausströmen impliziert. In den sozialkritischen Abschnitten wird der gleiche Begriff mehr im Sinne einer „Heimkehr" – eines Wiederfindens der verlorenen Ursprünglichkeit (vgl. Kap. 16, 37, 38, 80) gebraucht. Hier liegt im Dau insofern ein ethischer Wert verborgen, als sein Verlust Verwirrung unter die Menschen (Kap. 3), ungerechte Fürsten (Kap. 17, 53, 75), Heuchelei (Kap. 18) und Krieg (Kap. 31) bringt. Und doch ist dieses Dau in der Sicht des dauistischen Weisen frei von allen ethischen Werten; es hat die Enge anthropozentrischer Wertbestimmungen des feudalistischen Ritualismus durchbrochen und sich auf dem Umweg über den idealisierten Großen Stamm zu den Höhen einer dem Pantheismus ähnlichen Begriffswelt emporgeschwungen. Doch in der dünnen Luft solcher Höhen konnte das Dau nur im weltenthobenen Geist des Weisen eine Heimstatt finden. Es war ein Kind der Erde, und zur Erde, der es entsprungen war, mußte es auch zurückkehren.

Die Doppeldeutigkeit des Begriffs „Rückkehr" als Attribut des Dau, als zyklische Bewegung der Ursubstanz einerseits und als Heimkehr zu naiver Ursprünglichkeit andererseits, läßt kaum einen Zweifel darüber, daß die dauistische Lehre zunächst als eine Reaktion auf die Mißstände und Gefahren ihrer Zeit ein soziales Anliegen vertrat. Sie negierte (wie auch andere Schulen) die zeitgenössischen Lebensformen, verfolgte die Entstehungsgeschichte der zeitgenössischen Übel bis zu ihren Anfängen und setzte dem „verlorenen

Sohn" als Ziel seine eigene, stark idealisierte Kindheit vor Augen. Über das soziale Anliegen hinaus erweiterte sich diese Lehre zu einem Weltbild, einem durchdachten und konsequent aufgebauten System, das Erfahrung und Spekulation mit Hilfe traditioneller Bausteine zu einem Ganzen zusammenfaßte. Die Nahtstellen der philosophischen und sozialen Aspekte der dauistischen Lehre schimmern vor allem dort durch, wo sie Fragen der Ethik berührt. Sie konnte nur dann auf die Gesellschaft einwirken, wenn sie die Antithese des Guten – das Schlechte zeitgenössischer Erscheinungen – konkreter bestimmte und zugleich negierte. Das Gute lag in der Vergangenheit. Angesichts der gegenwärtigen Seinsmächtigkeit des Bösen konnte die Wiederherstellung des Guten nur spekulativ, in Gedanken, in der Philosophie geschehen. So standen sich Anerkennung der dialektischen Bewegung des Lebens in praktischen Fragen und ihre Aufhebung in der Sphäre des Spekulativen als unlösbarer Widerspruch gegenüber. Das „ruhevolle" Dau, das weder gut noch schlecht ist, das sowohl im Guten wie auch im Unguten wirkt, wurde letztlich doch nur subjektiv, „im Geiste" seiner Widersprüchlichkeit enthoben. Die Aufhebung dieser Widersprüche geschah auf magisch-mystischem Weg, wobei sich zwischen Realität und subjektiver „Rückkehr" zu dem Großen Einen, dem widerspruchslosen Dau, eine breite Schicht großartiger philosophischer Erkenntnisse einschob, die auch für uns ihre Bedeutung nicht verloren haben. Die „Rückkehr" des dauistischen Weisen geschah zunächst durch die Aufhebung der *namen* (vgl. Kap. 32), die, wie wir bereits erwähnten, in den noch im Magischen verhafteten Vorstellungen der Alten gleichsam mit den Dingen identifiziert wurden. So löst sich der Weise von der Mannigfaltigkeit der Erscheinungen, die er, ohne ihre Eigenart, ihr De – das ja praktisch nicht verleugnet werden kann – zu stören (vgl. Kap. 75), auf ihre Weise ins Dau zurückströmen läßt. Zu diesem Prozeß des „Rückströmens" trägt er aktiv insofern bei, als er *nichts überflüssiges* tut, *nicht wider die natur* handelt (vgl. Kap. 2, 43, 63). Kargheit (vgl. Kap. 59), ein Zurückhalten von allem, was dem natürlichen Wirken des Dau zuwiderlaufen könnte, und Begierdelosigkeit, Selbstvergessenheit (vgl. Kap. 7), ein bewußtes Sich-Fügen in *das niedrige, das alle verachten* – wie das Wasser, das mit keinem streitet und doch allen nützlich ist (Kap. 8, 66, 78) – das sind Voraussetzungen für die „Rückkehr" des Subjekts (des Weisen selbst) wie auch der von ihm im Sinn des Dau gelenkten objektiven Welt: Mensch und Natur. So wird er – der Weise – und mit ihm alle und alles, wieder *zum strom der welt, der nie das De verläßt und rückströmt in die kindlichkeit* (Kap. 28). Sein Wirken ist unaufdringlich, da es keinen persönlichen Zwecken dient (Kap. 13). Der Bruch in der Gesellschaft, der Widersprüche von Klassen- und Standesinteressen nach sich zog, führte zu einem Bruch mit der Natur, zum Verlust der Ursprünglichkeit. Des Weisen wichtigste Funktion ist es, eben diesen doppelten Bruch zu überwinden – in sich und in der Welt.

Aber konnte dieser Bruch wirklich überwunden werden? Konnte eine in solcherart idealisierte Ursprünge zurückschweifende Soziallehre wirklich den Menschen einer Zeit helfen, in der der Krieg bereits ein Dauerzustand geworden war, in der die Einigung des in mächtige Fürstentümer zerfallenen Dschou-Reichs mit List und Tücke, vor allem aber mit Gewalt vorangetrieben wurde? Im Kapitel 70 des Daudedsching fühlen wir die Ernüchterung des Weisen angesichts dieser nackten, nicht zu übersehenden Tatsachen: *sehr leicht sind meine worte zu verstehen, sehr leicht ist es, danach zu handeln, und dennoch gibt es keinen in der welt, der sie versteht, der danach handelt.* So bleibt ihm nur die Flucht in die geistige Vereinsamung, in das wohltuende Unverstandensein, in das Gefühl, in einer Welt des Niedergangs ein im Dau Wachsender, ein Sehender unter Blinden zu sein: *doch wachse ich an wert je weniger mich kennen* (ebd.).

In ihrer Soziallehre nahmen die frühen Dauisten eine betont antifeudalistische, antihierarchische Haltung ein. Sie träumten von der Wiederherstellung der ursprünglichen Gleichheit unter den Menschen – von einer *urtiefen gemeinsamkeit: so kann keiner verwandt sein, keiner fremd sein, keiner gewinn erringen, keiner verlust erleiden, keiner edel sein, keiner gemein sein* ... (Kap. 56). Das setzt einen Nivellierungsprozeß des *rauhkantigen* und *wirren*, das der Zerfall der klassenlosen Urgesellschaft mit sich gebracht hat, voraus. Aber, um die Menschen wieder zu einer Gemeinsamkeit *im staube* zurückzuführen, muß ihnen das Wissen um die *namen* genommen werden. *Als man aber mit namen begann zu trennen die dinge,* heißt es im Kapitel 32, *wurden selbstherrlich die namen.* In der feudalistischen Standesstufung bedeutete Namen soviel wie Rang und Würde und Ehren und damit auch Reichtum und Macht. Diese Namen hatten wahrlich „Selbstherrlichkeit" errungen: sie hatten sich zum Herrentum emporgearbeitet und bestätigten nun die soziale Stellung ihrer Träger. Der naive Glaube an die magische Kraft des Wortes wirkte auch in der Nomenklatur der Feudalhierarchie weiter fort; zugleich trug eben dieser Glaube dazu bei, in einer Abschaffung der Namen die Möglichkeit der Zerstörung der Feudalpyramide zu sehen. Aber nicht nur die Namen, sondern selbst die Geschicklichkeit des Handwerkers, alles *wissen*, das zu *überflüssigem* führt, schien den frühen Dauisten Gefahr in sich zu bergen. Was auch immer den Einzelnen über die Masse hinaushebt, wird mit Skepsis oder Hohn betrachtet. So heißt es im Kapitel 3: *achtet nicht die achtenswerten, und es wird nicht streit sein im volk.* Und im Kapitel 19: *schafft ab die heiligkeit, verwerft die klugheit – die menschen werden hundertfach gewinnen.* In jeder großen Einzelleistung lauert schon der *name* als latente Gefahr. Suche und Sucht nach *namen* entfremden die Menschen nicht nur dem Großen Stamm, sie entfremden sie auch untereinander durch die wachsende Kluft der sozialen Spaltung. Einmal aber erstarrt das Gefüge der Namen. Und wo man das einmal Erstarrte zu wahren sucht, blühen auch Dogmatismus und Ritualismus. Gegen diese beiden Bastionen der Feudalgesellschaft liefen die frühen Dauisten Sturm; hier gewinnt ihre Sprache eine ungewöhnliche Schärfe, und hier fühlen wir auch deutlich das pochende menschliche Herz dieser sonst so kühlen und unbeteiligt scheinenden Philosophen. Und darum dürfen wir sie nicht einer antihumanistischen Einstellung bezichtigen, wenn uns auch ihre Absicht, das Volk zu *verdummen* (Kap. 65), auf den ersten Blick wie purer Zynismus anmuten mag. Sie verlangten ja auch von der Regierung, daß sie *schwerfällig* sei (Kap. 58). Wissen war für sie etwas völlig anderes als für den Fürsten, den Höfling, den Schamanen, den Verwaltungsbeamten, den ehrgeizigen Gelehrten. Was sie verdammten, war jenes Wissen, das dem Individuum Macht verleiht, es aus einer kollek-

tiven Gesellschaft herauslöst und zum Herrscher über die
Natur und seine Mitmenschen erhebt. Der Weise war ja
selbst bereit zu *verdummen*. Das *wer dem Dau ergeben,
verliert täglich* wird dem *wer dem lernen ergeben, gewinnt
täglich* entgegengesetzt. Wenn der Mensch mehr weiß oder
tut als notwendig, so weiß oder tut er *überflüssiges*, und damit
verkennt er „das Gesetz, nach dem er angetreten" – er
handelt wider die Natur, wider die Einheit des Großen
Stamms.
Die Soziallehre der frühen Dauisten ist aber nicht nur antihierarchisch,
antiritualistisch und antidogmatisch, sondern
auch antistädtisch. Denn die Stadt, in der sich materielle
und geistige Schätze häufen, die dem Kaufmann und Wucherer,
aber auch dem Handwerker und Gelehrten Spielraum
gibt, Schlauheit und List, Geschicklichkeit und Wissen
zu entfalten, fördert die Ungleichheit unter den Menschen.
Im Überfluß des städtischen Lebens tut der Mensch nur mehr
überflüssiges. Hier wird der Genügsamkeit, die den Menschen
zur Natur zurückführt, das Rückgrat gebrochen. Die
Wider-Natur triumphiert; *farbenpracht blendet das auge* ...
(Kap. 12); Der Mensch wird ein Opfer seiner aufgestörten
Sinne, die ihn in den Widersinn einer nie zu befriedigenden
Begehrlichkeit treiben. Als Gegenmittel empfiehlt das Daudedsching
die Rückkehr zur primitiven Dorfgemeinde, wo es
weder Boote noch Wagen, noch Schreibkundige, noch *harnisch*
und *waffen* gibt (Kap. 80). Wir sind damit zum Ausgangspunkt
zurückgekehrt: die Dialektik der Entwicklung
hat sich in Reversion vollzogen; der Mensch hat alles *überflüssige*
von sich geworfen und sich dem Großen Stamm
wieder eingefügt.
Da diese soziale Rückkehr aber auf unüberwindliche Hindernisse
stieß, konnte sie sich eben doch nur im Geiste ihrer
Protagonisten vollziehen. Und da selbst eine lückenlos rationelle
Darstellung der Widerspiegelung ihrer Soziallehre
auf der kosmologischen Ebene nicht möglich war – denn
Ruhe und Bewegung, das *eine* als Urgrund alles Seins und
die Mannigfaltigkeit der Erscheinungswelt usw. konnten
beim damaligen Stand wissenschaftlicher Erkenntnisse nur
als Problem erkannt, nicht gelöst werden –, verfing sich ihr
Denken trotz beträchtlichen Höhenflugs doch wieder in den
Niederungen magischer Vorstellungen. Und hier erwachten

die *namen* zum Eigenleben. Die aus und mit stammesgeschichtlichen Traditionen gewachsenen Termini, die sie als Bausteine ihres Systems benutzten, halfen ihnen durch ihren numinosen Charakter, die Kluft zwischen der Dialektik des Lebens, zwischen empirischen Werten und dem ideellen Inbegriff der *rückkehr* und dem *einen* zu überspringen. So ist das Dau zugleich *urmutter* und *ahn des himmels*, der *dunkle mutterschoß*, der *tiefe geist des tals,* und es ruht *dort, wo am tiefsten das tiefe.*

Sind wir nun wirklich durch *aller geheimnisse pforte* eingedrungen in das Gedankengebäude des Daudedsching? Der dauistische Weise würde es entschieden verneinen. Für ihn hatte sich die Rückkehr wirklich vollzogen, nicht objektiv in der Gesellschaft, sondern subjektiv in den magisch-mystischen Regionen seiner Seele. Dorthin können wir ihm nicht folgen. Denn an der noch nicht gerissenen Schnur, die den Menschen seiner Zeit mit uralten Vorstellungen verband, hatte er sich schauernd zurückgetastet in eine ehrwürdig und erhaben anmutende Kindlichkeit. – Der Überlieferung gemäß soll der vermeintliche Autor des Daudedsching, Laudse (der „Alte Weise"), als Greis mit wallendem weißem Bart das Licht der Welt erblickt haben.

Wir haben bereits gesehen, wie sich um den magischen Kern des Wortes Dau begriffliche Substanz anhäufte, sich gleichsam als Sediment der historischen Entwicklung um ihn herum ablagerte, bis er schließlich unter den Anschichtungen kaum noch zu erkennen war. Und doch wirkte er noch lange im stillen weiter. Unter dem Druck äußerer Kräfte und innerer Spannungen trat er bisweilen wieder deutlich hervor. Bei den Dauisten zeigt er sich vor allem an den Nahtstellen der sozialen und philosophischen Aspekte ihrer Lehre. Freilich gab es außer der dauistischen noch eine Reihe anderer geistiger Strömungen – die sogenannten „Hundert Schulen", welche in der zweiten Hälfte des ersten Jahrtausends v. u. Z. die Bruchstücke einer zerfallenden Gesellschaftsordnung aufsammelten, sichteten und in unterschiedlicher Weise in ein ihren Tendenzen gemäßes System umzuformen suchten. Ohne die Kräfte zu kennen, welche, von außen einwirkend, jene heftigen inneren Spannungen verursachten, die schließlich zum „Wettstreit der Hundert Schulen"[1] führten, bliebe das Dau der Dauisten immer noch ein aus seinem Kontext herausgelöstes Wort. Und auch das Daudedsching, das scheinbar gelassen und abgeklärt von „allgemeinmenschlichen" Dingen handelt, könnte kaum als dynamische, ja zum Teil sogar recht vehemente Reaktion auf bestimmte historische Gegebenheiten richtig verstanden werden. Wir müssen daher hier auch die strukturellen Linien der historischen Entwicklung aufzeigen und zumindest jene der „Hundert Schulen" besprechen, die die Wege der Dauisten kreuzten oder durchkreuzten.

Im 11. Jahrhundert v. u. Z. brachen die Dschou-Könige als Führer einer Stammeskonföderation von Westen her in das Reich der Schang (am mittleren Lauf des Huangho) ein. Die Schang besaßen eine höhere Kultur als die Dschou. Sie waren unübertroffene Meister im Bronzeguß, verfügten über bedeutende astronomische Kenntnisse und besaßen eine Schrift von etwa viertausend Zeichen. Ein hieratischer Stammesfürst stand an der Spitze ihres Reiches, das auch eine Reihe fremder Stämme inkorporiert hatte. Die Dschou-Könige errichteten auf den Trümmern des Schang-Reichs eine protofeudalistische Ordnung, indem sie ihre Gentilgenossen und Konföderierten in strategisch wichtigen Gebieten ansiedelten, sie „belehnten". Die neuen Herren hielten mit ihrer Gefolgschaft von Stammesfreien die Unterworfenen nieder. Der anfängliche Widerstand der zu Hörigen herabgesunkenen Stämme des ehemaligen Schang-Reichs begünstigte die Herausbildung einer koordinierenden Zentralmacht. Die Dschou-Könige festigten ihre Machtposition durch die teilweise Übernahme der Schang-Riten (vgl. Lunyü II, 23). Die Hierarchie der Lehensverhältnisse im Dschou-Reich gewann hiermit ein ideologisches Gerüst – eine festgefügte und in sich geschlossene Ritualordnung, die zugleich als Rechtsnorm diente. In den verhältnismäßig friedlichen Zeiten der ersten Jahrhunderte des Dschou-Reiches wuchsen die Produktivkräfte beträchtlich an. Geographische, vor allem aber

---

[1] „Hundert" bedeutet hier eine unbestimmte Vielzahl – nicht wirklich hundert. Nach dem Abschnitt über Literatur in der „Geschichte der Han-Dynastie" (Hanschu) sollen es einhundertundneunundachtzig gewesen sein. Von geistesgeschichtlicher Bedeutung waren jedoch nur etwa ein Dutzend dieser „Hundert Schulen".

hydraulische Besonderheiten und die ungleiche Verteilung leicht zugänglicher Rohstoffe und Bodenschätze (Metalle; seit dem 7. Jahrhundert auch Eisen, Salz usw.) begünstigten das Erstarken regionaler Wirtschaftsgebiete. Vom 7. Jahrhundert an verschob sich das Kräfteverhältnis immer mehr zugunsten der größeren Lehensfürsten, indes die territoriale und politische Macht der Dschou-Könige proportional zusammenschrumpfte. Unaufhörliche Kriege zwischen den Fürsten, die anfangs meist noch unter dem Deckmantel angeblicher Lehenspflichten gegenüber dem Königshaus inszeniert wurden, führten zu einer allmählichen Erweiterung des Machtbereichs der größeren Lehensherren – eine Expansionstendenz, die zum Teil ökonomisch vorgezeichnet oder vorbereitet war. In diesem Prozeß der Machtverschiebungen verloren die quasi als Rechtsnormen fungierenden Riten ihre ursprüngliche Bedeutung. Das hieratisch fundierte Gefüge einer sozialen Schichtung und Stufung, das sie einst widerspiegelten und bestätigten, war auseinandergebrochen. Nur der Form nach existierten die alten Riten weiter. Sie entsprachen nicht mehr dem tatsächlichen Kräfteverhältnis. Der Dschou-König, der als oberster Mittler – als „Sohn des Himmels" – zwischen den himmlischen Ahnen, den übernatürlichen Mächten und „Allen unter dem Himmel" an der Spitze der hierarchisch-ritualistischen Pyramide stand, konnte in seiner politischen Ohnmacht kaum mehr ernst genommen werden. Die großen Fürsten usurpierten bald nicht mehr nur fremdes, oft sogar königliches Territorium, sondern auch ritualistische Vorrechte des Königshauses. Die Mächtigsten unter ihnen streckten bereits die Hand aus nach den „Neun Dreifüßen", die den Machtanspruch der Dschou-Könige über die „Neun Regionen" des Reichs symbolisch verkörperten. Und so entstand die *große heuchelei* (Daudedsching, Kap. 18). Anstelle des Dschou-Königs waren in dem sich immer wieder verschiebenden Mosaik politischen Geschehens nacheinander sogenannte Hegemoniarchen getreten – mächtige Fürsten, die für eine längere oder kürzere Zeitspanne angeblich im Namen des Königs die Vorherrschaft im Reich ausübten. Die Heftigkeit dieser Kämpfe führte oft zu den gröbsten Verletzungen der ritualistischen Ordnung; ja selbst Vater- oder Brudermord war in den Fürstenfamilien keine Seltenheit. So höhnt der Verfasser des Daudedsching: *ge-*

rissen war die sippe – der familiensinn entstand, in wirrnissen zerfiel der staat – der treue minister entstand (Kap. 18). Oder: ... *ihr folgten die riten, die riten verdarben treue und vertrauen* (Kap. 38). Eine vage und fluktuierende „Treue" Machthabern gegenüber, die selbst durch Treulosigkeit den feudalen Begriff der Treue geschändet hatten, konnte kaum noch sittlich oder rechtlich als bindend gelten.

Die ehemaligen Stammesfreien, die sich im Laufe der Jahrhunderte mit den unterworfenen Stämmen ethnisch verschmolzen hatten, waren inzwischen selbst zu Hörigen herabgesunken. Die rituellen und politischen Rechte und Freiheiten der Gemeindeältesten und Stammesfreien wurden daher auch kaum noch geachtet. So kam es, daß „das Ritual nicht hinabreicht zu den Gemeinen, Strafen aber nicht hinaufreichen zu den Edlen" (Buch der Riten). Der geregelte Frondienst der frühen Dschou-Zeit verwandelte sich praktisch in Zwangsarbeit und wurde allmählich durch Abgaben oder Steuern ersetzt. Über das Gemeindeland, das ehemals nach bestimmten Normen aufgeteilt oder verlost wurde, konnten bald die Feudalherren willkürlich selbst verfügen. Staatliche Manufakturen und Bergwerksbetriebe wurden gegründet. Die Unmittelbarkeit natural-wirtschaftlicher Beziehungen, die Fürst und Volk in frühen patriarchalischen Verhältnissen noch eng aneinanderkettete, war dahingeschwunden. In den Fugen der auseinanderfallenden gesellschaftlichen Ordnung keimten neue ökonomische Kräfte. Kaufleute schoben sich immer mehr zwischen Produzenten und ihren Hauptabnehmer, die partikularistische Aristokratie, ein. Sie versorgten zu einem beträchtlichen Teil die Fürsten mit jenen Waren, die diese für ihre luxuriöse Lebenshaltung und ihre nimmer enden wollenden Kriege benötigten. So bildete sich aus der nichtprivilegierten Schicht kleiner Verwaltungsbeamter und Aufseher ein Kaufmannsstand heraus, der auf Grund seiner Sonderstellung von den Feudalherren ein Anrecht auf Bodenbesitz forderte. Der Boden, der nominell Eigentum des Königs war und bislang nur als Lehen vergeben, also nicht veräußert werden durfte, konnte schließlich auch käuflich erworben werden. Der zwischenstaatliche Handel blühte, und damit machte sich die Tendenz geltend, die Zollschranken zu sprengen und wieder Ordnung in die konfusen Verhältnisse des aufgespaltenen Dschou-Reichs zu bringen. Die Notwen-

digkeit größerer, sich über die Territorien mehrerer Staaten erstreckender hydraulischer Bauten sowie der Vereinheitlichung des Straßennetzes und der Standardisierung der Maße und Gewichte usw. wirkten als objektive Triebkraft in dieser Richtung.
Von den zahllosen Lehensherren der beginnenden Dschou-Zeit waren im Verlauf des Annexionsprozesses im vierten Jahrhundert kaum ein Dutzend, dann nur mehr sieben mächtige Staaten übriggeblieben, die nunmehr erbittert um den vakanten Posten des obersten Herrn im Reich rangen. In den Koalitionen und Gegenkoalitionen, die, kaum geschlossen, gleich wieder auseinanderbrachen, standen sich als potentielle Kronprätendenten der Staat Tschin (im Gebiet der heutigen Provinz Schansi), in dem die Schule der Legalisten die geistige Führung übernommen hatte, und der Staat Tschu, das Mutterland der Dauisten, gegenüber. Im Jahr 221 v. u. Z. gelang es dem König von Tschin als „Erster Kaiser" (Schihuangdi), das Reich in seiner Hand zu einigen. Politisch und militärisch hatte der Staat Tschin gesiegt, ideologisch vorübergehend die Schule der Legalisten. Aber schon nach einem Jahrzehnt brach die Herrschaft der Tschin-Dynastie zusammen. In der nachfolgenden Han-Dynastie (206 v. u. Z. – 220 n. u. Z.) wurde ideologisch die Schule der Legalisten von der Schule der Konfuzianer – allerdings mit einer Beimischung dauistischen und auch legalistischen Gedankengutes – verdrängt. Um die eigenartige Position der Dauisten in den ideologischen Kämpfen jener Zeit verstehen zu können, müssen wir nun noch zwei Fragen behandeln: die Terminologie der „Hundert Schulen" und das Gedankengebäude jener Schulen, die in direkter Opposition zu den Dauisten standen: der konfuzianischen und legalistischen.
Den „Hundert Schulen" war neben einer Reihe von Grundbegriffen, die sie allerdings, wie wir noch sehen werden, oft unterschiedlich ausdeuteten, vor allem der Gedanke gemeinsam, daß eine ehemals nahezu reibungslos funktionierende Ordnung (Dau) durch menschliche Unzulänglichkeit in Verwirrung geraten war. Um diese Ordnung wiederherzustellen, mußte ein „Weg" (Dau: im Sinn von Methode oder Prinzip des „rechten Regierens") gefunden werden. Diese Grundstimmung der „Hundert Schulen" charakterisiert Dschuangdse im letzten Kapitel (Kap. 33) seines Werks folgender-

maßen: „Gar viele gibt es in der Welt, die sich mit dem Prinzip der rechten Ordnung beschäftigen. Und alle halten sie die Ergebnisse ihrer Studien für das Nonplusultra. Wo lag denn aber die Kunst des Dau bei den Alten? Ich sage: überall! Und fragt man: Wo kommt denn der Geist her? woher die Erkenntnis? – Der Weisen Entstehung und das Werden der Könige hat seinen Ursprung im Einen..."
Neben dem Begriff Dau, der bald im Sinn von kosmischer oder menschlicher Ordnung bzw. einer Ordnung, die auf einem Zusammenwirken makro-mikrokosmischer Kräfte (wie das „Maat" der alten Ägypter) beruhte, oder als Methode, diese Ordnung wiederherzustellen, gebraucht wurde, nimmt der Begriff De im Vokabular der „Hundert Schulen" einen prominenten Platz ein. Das Dau verleiht, wie wir schon erwähnten, den Einzelwesen das ihnen nach Gattung und individueller Besonderheit gemäße De – ihre Wesenheit. Es ist nicht schwer zu erkennen, daß der Begriff De sich von animistischen Vorstellungen herleitete. Nicht nur der Mensch hat De, sondern auch Holz und Metall, ja selbst die Jahreszeiten haben ihr De. Als eine Art Mana oder virtus (lateinisch: Kraft, Tugend, Charakter, Wert – von vis, Plural vires: Macht, Stärke) wirkt es in der Natur und im Menschen und bildet so das unsichtbare Bindeglied zwischen allen „Angehörigen" des Großen Stamms. Ohne jenes unsichtbare De wäre ja auch die Vorstellung von der Wirksamkeit des Analogiezaubers und der sympathetischen Magie schlechthin undenkbar. In den protofeudalistischen Verhältnissen der frühen Dschou-Zeit erlangten die Riten den Status einer ethischen und rechtlichen Norm. Ein den Riten entsprechendes Verhalten bedeutet einen Zuwachs an De. So wurde De ein ethischer Begriff. Erst die Legalisten, die den Ethos der Riten durch den Zwang des Gesetzes ersetzten, gaben dem Wort De den begrifflichen Inhalt von Krieger- oder Untertanentugend. So wird im Sprachgebrauch der „Hundert Schulen" De bald in dem älteren, noch in animistischen Vorstellungen befangenen Sinn, bald wieder im Sinn von Tugendhaftigkeit – die Summe aller durch Selbstvervollkommnung gewonnenen ethischen Werte – oder wie bei den Legalisten im Sinn von Gesetzestreue, ja Kadavergehorsam des Untertanen gebraucht. Als Abstraktion in mystischer Verkleidung erscheint De auch in einem der

aristotelischen causa formalis (wesentliche Ursache) oder Entelechie (Zielgestalt) ähnlichen Sinn.
Dau, De, Li (Riten, Ritual, sozialethische Normen), Tschi (Pneuma), die Yin- und Yang-Kräfte, „Ren" (Güte) und „I" (Rechtschaffenheit) sowie Ming (Namen, Terminus, Nomenklatur, Titel) bilden die Grundpfeiler des terminologischen Gerüsts der „Hundert Schulen".
Außer der Suche nach der verlorenen Einheit, dem Dau, war der überwiegenden Mehrzahl der „Hundert Schulen" ein Gedanke gemeinsam, der sich schon assoziativ, aus dem Begriff „verloren" ergibt – die „Rückkehr".
Es war naheliegend, die Ursache des Zerfalls der gesellschaftlichen Ordnung im Verfall der Riten zu suchen. Was aber hatte den Riten ihre ehemals bindende und stabilisierende Kraft genommen? Konfuzius sah den Grund hierfür in der Veräußerlichung der Riten. So klagte er: „Riten nennen sie das! Ja, Riten nennen sie das! Ist denn Jade und Seide (Ritualgegenstände) alles, was damit gemeint ist? ..." (Lunyü XVII, 11). Konfuzius dehnte den Begriff Riten auf den gesamten Ablauf des menschlichen Lebens aus, um durch eine bis ins kleinste genormte Verhaltensweise den sozialethischen (hierarchischen) Gehalt der Riten in einer Art psycho-physischem Parallelismus erlebbar zu machen – wir würden vielleicht sagen, als Pawlowschen Reflex einzuschleifen. So sagte er von sich: „Mit fünfzehn Jahren nahm ich mir vor zu lernen ... Mit siebzig konnte ich meinen Wünschen folgen, ohne die Norm zu überschreiten" (Lunyü II, 4).
Kein Wunder, daß die Anhänger der Schule des Philosophen Modse, die Dauisten und andere nicht viel Sinn in einem so lange währenden Bildungsvorgang sahen. Manches, was der Meister sehr ernst nahm, mutet uns heute lächerlich an. „Er aß kein Fleisch, das nicht in gerade Stücke geschnitten war oder mit der entsprechenden Sauce serviert wurde" (Lunyü X, 8). „Wenn die Matte nicht gerade lag, setzte er sich nicht" (Lunyü X, 9).
Diese pedantisch erscheinenden Lebensnormen waren der extreme Ausdruck seiner Grundkonzeption: er glaubte fest an die Macht des persönlichen Beispiels, eines beispielgebenden Lebens, und zwar sowohl als wirksamstes Anschauungsmaterial für die Umerziehung des Menschen wie auch als Zuwachs an De in der Person des Lehrenden (des

Weisen oder Herrschers), was sich auf die Schülerschaft (oder das Volk) als sittliche und zugleich magisch zwingende Kraft günstig auswirken mußte. In diesem Glauben fühlte er sich sicher. „Der Himmel schuf De in mir", sagte er zu seinen Schülern, „was kann ein Mann wie Huan Kui mir schon antun?" (Lunyü VII, 22.) In der Frage der Umerziehung der Menschen negierte Konfuzius die Bedeutung der Klassenunterschiede, in seinem sozialen Programm hingegen betonte er eben diese Unterschiede als Grundlage einer stabilen Gesellschaftsordnung. „Wenn der Edle das Dau studiert, so liebt er die Menschen; studiert es der Gemeine, so läßt er sich leicht lenken" (Lunyü XVII, 4). Die Geisterwelt betrachtete Konfuzius mit der auch im Daudedsching spürbaren ambivalenten Haltung von Ehrfurcht (vgl. Kap. 60), gemischt mit Furcht. Auf die Frage, was Weisheit sei, antwortete Konfuzius: „Sich bemühen, seinen Pflichten gegenüber dem Volk nachzukommen und den Manen und Geistern ehrfürchtig zu dienen, sich aber zugleich von ihnen fernzuhalten" (Lunyü VI, 20).

Das Dau verblaßte für ihn zu einer sich in den weiten Regionen des Himmels verlierenden sittlichen Macht, die sich durch das „himmlische Mandat" manifestierte – die geheimnisvolle und zugleich ethisch-ritualistisch motivierte Übertragung und Sanktionierung einer moralisch-politischen Mission. Der dieses vom Himmel bestimmte Mandat Ausführende war der gerechte Herrscher oder der Weise. Er besaß durch seine Güte (Ren) genügend De, um den „königlichen Weg" (Dau) auf Erden zu verwirklichen. Diesen „königlichen Weg" faßte Konfuzius in den folgenden Worten zusammen: „Wenn man das Volk mit Dekreten lenkt (Dau als Verbum!) und durch Strafmaßnahmen in Bann hält, so wird es den Strafen zu entgehen suchen und doch keine Scham kennen. Lenkt man es aber mit De und hält es in Zucht mit Riten, so wird es nicht nur Scham kennen, sondern auch Charakter haben" (Lunyü II, 3). So versuchte Konfuzius, im Rahmen einer reformierten Feudalordnung und ohne die Privilegien der Feudalherren ernstlich anzutasten, dem Volk ein annehmbares Leben zu schaffen. Daß ihm eine so tiefgreifende sittliche Umgestaltung nicht gelingen konnte, lag auf der Hand. Konfuzius starb 479 v. u. Z. Etwa dreihundert Jahre später wurden seine Lehren als tragender Bestandteil in das ideologische Konzept des Han-Imperiums übernommen. Sie bildeten fortan den ethischen und rituellen Kern in der Ideologie des zentralistischen Beamtenstaats, der als eine geschmeidigere Form des Feudalismus in China den Feudalpartikularismus der Dschou-Zeit ablöste. Doch was war von seinen Lehren übriggeblieben? Die Kaiser behaupteten eben jenes von Konfuzius verheißene „himmlische Mandat" empfangen zu haben, und was Konfuzius an Pietät von einem guten Sohn verlangte, das verlangten sie nun von jedem ihrer Untertanen, verbrämt mit Begriffen wie „Ren" und „I". Das moralische Gerüst des Staates war eine nach oben zu graduierende Projektion des Kindesgehorsams. Und was war besser geeignet als ein pedantischer Ritualismus, um diesem Gerüst den nötigen Halt zu geben?

Als etwa hundert Jahre nach Konfuzius' Tod der zweite große Meister dieser Schule, Menzius (chinesisch Mengdse: 374–289 v. u. Z.), geboren wurde, hatte das Königshaus der Dschou bereits den letzten Rest seines Prestiges eingebüßt. Auch Menzius bemühte sich um eine sittliche Regeneration der Feudalordnung. Doch zum Unterschied von Konfuzius, der nur den Dschou-König als „Sohn des Himmels" anerkennen wollte, war Menzius bereit, jeden Fürsten, der ein genügendes Maß an „Ren" und „I" besaß, als potentielles Oberhaupt des zu errichtenden Idealstaates anzuerkennen. Sein unerschütterlicher Glaube an die angeborene Güte des Menschen führte ihn zu einer noch tieferen Verinnerlichung der Riten: der Inhalt war über die Form hinausgewachsen. „Der Edle unterscheidet sich von den anderen durch das, was er im Herzen trägt", sagt Menzius. „Im Herzen trägt der Edle Güte (,Ren'), im Herzen trägt er die Riten (,Li'). Wer Güte besitzt, liebt die Menschen, wer die Riten im Herzen trägt, achtet die Menschen" (Buch „Mengdse", IV, II, 28). Für das Los der Bauernbevölkerung, das sich in den Kriegswirren zusehends verschlimmerte, empfand Menzius tiefes Mitleid, wenn er auch eine scharfe Trennung der körperlich und geistig Arbeitenden mit allen ihren in der Klassengesellschaft unvermeidlichen Konsequenzen ausdrücklich guthieß. „Jene, die mit dem Kopf arbeiten, herrschen über die Menschen; jene, die ihre Körperkräfte zur Arbeit gebrauchen, werden von ihnen beherrscht" (II, I, 4, 3). Als Kernpunkt seines sozialökonomischen Programms befürwortete er ein Zurückgreifen auf das in Verfall geratene sogenannte „Dsching"-(Brunnen-)System (nach dem chinesischen Schriftzeichen für Brunnen), d. h. die Aufteilung eines bestimmten Stückes von Nutzland in neun gleich große Quadrate, von welchem das im Zentrum gelegene als „öffentliches" oder „herzogliches" Feld von acht Familien, denen die restlichen acht Quadrate zur eigenen Nutznießung zufielen, gemeinsam bestellt wurde. Der Ertrag des mittleren Felds gehörte dem Lehensherren oder dem Lehensstaat. Die Bauern sollten wieder ihr Auskommen finden und so der Feudalhierarchie die materielle Grundlage schaffen, auf welcher ihre soziale und sittliche Stabilität beruhte. Menzius nahm daher den Fürsten gegenüber eine schroffere Haltung ein als Konfuzius. „Das Volk ist das Wertvollste, die Geister des Bodens und des Getreides stehen an zweiter Stelle, am leichtesten (wiegt) der Fürst. Sohn des Himmels wird daher nur, wer das Vertrauen der Ackerleute erhält..." (Buch „Mengdse", VII, II, 14). Man rühmte deshalb Menzius nicht selten ob seiner „demokratischen" Tendenz. Offenbar war ihm aber nur bewußt geworden, daß die schönsten Pläne für eine „sittliche" Regeneration und damit für die Aufrechterhaltung der Feudalhierarchie ohne Schaffung einer stabilen materiellen Basis eben doch bloß ein Traum bleiben mußten. Auch Konfuzius hatte das bereits erkannt. Auf die Frage seines Schülers Dsegung, was er unter Regierung verstehe, antwortete ihm Konfuzius: „Genug Nahrung und genug Rüstzeug für die Truppen zu beschaffen, dann hat das Volk Vertrauen zu seinem Herrscher." Und auf zwei Fragen seines Schülers, worauf man im Notfall verzichten könnte, entgegnete der Meister, „zunächst auf das Rüstzeug", „dann auf die Nahrung, denn seit alters ist es der Menschen Los zu sterben. Doch wenn das Volk kein Vertrauen zu seinen Herrschern hat, so kann der Staat nicht bestehen" (Lunyü XII, 7). Zweifellos vertraten sowohl Konfuzius wie auch Menzius humanistische Tendenzen, allerdings unter der absoluten Bedingung, daß die feudalistische Ordnung nicht angetastet werden dürfe. „Seht dazu, daß die Felder gut bestellt werden", empfahl Menzius, „und erleichtert die Steuern, dann wird das Volk zu Wohlstand gelangen..." (Buch „Mengdse", VII, 23). Das Volk war ja tatsächlich das Wertvollste, auch im Feudalstaat, es schuf für jene, „die mit dem Kopf arbeiten", die Bedingungen, auf welchen ihre Herrschaft über die Menschen beruhte. In die konfuzianischen Lehren eine „demokratische" Tendenz hineinzuprojizieren, muß demnach einer an sich tendenziösen Betrachtungsweise vorbehalten bleiben. Wirklich demokratisch waren die frühen Dauisten, deren *urtiefe gemeinsamkeit* den Edlen wieder zum Bauern machte. Aber die Zeiten, „als Adam grub und Eva spann", waren eben vorbei: der Edelmann saß fest im Sattel und war keineswegs gewillt, wieder herabzusteigen.

Menzius' Grundhaltung war ausgesprochen idealistisch. Der Makrokosmos lag für ihn keimhaft in der Seele des Menschen. „Alle Dinge finden sich in uns. Es gibt keine größere Freude, als mit Aufrichtigkeit in sich einzukehren" (VII, I, 4). Von sich behauptet er: „Ich weiß wohl, das gewaltig strömende Tschi (Pneuma) in mir zu nähren." Und auf die Frage, was er mit diesem „gewaltig strömenden Tschi" meine, erwiderte er: „Das ist schwer zu beschreiben ...; es ist überaus groß und überaus stark. Wenn man es mit aufrechter Gesinnung nährt und es nicht verletzt, so vermag es alles zwischen Himmel und Erde zu füllen" (II, I, 2). Und dem De des Edlen sprach er geradezu magische Kräfte zu: „Wo immer der Edle vorbeigeht wandelt sich alles; wo er ruht, wirken geistige Kräfte. Gemeinsam strömen sie oben und unten mit Himmel und Erde. Wer würde da sagen, daß sein Wirken von geringem Nutzen sei?" (VII, I, 13.) Auch bei den Konfuzianern finden wir also jenen Rückschlag ins Magisch-Mystische, den wir bereits bei den Dauisten sahen – und zwar an ebenderselben Nahtstelle – dort, wo ihr sozialökonomisches Programm und ihre philosophischen Ideale sich hart aneinander rieben, nicht zueinander gelangen konnten, denn etwas sehr Reales schob sich dazwischen: das *erbärmliche großtun von räubern* (Daudedsching, Kap. 53).

Die Fürsten warnte Menzius: „Es mag wohl geschehen, daß Menschen ohne Güte in den Besitz eines Staates gelangen; nie aber noch ist es geschehen, daß einer ohne Güte in den Besitz des ganzen Reiches gelangte" (VII, II, 13). Und welcher der Fürsten seiner Zeit träumte nicht davon, das Reich unter seiner Ägide zu einigen? Gegen den Philosophen Gaodse, der behauptete, daß die „Natur des Menschen sich dem Guten und Schlechten gegenüber gleichgültig verhält wie das Wasser, dem es gleich ist, ob es nach Osten oder

Westen fließt", polemisierte Menzius mit Witz und Schärfe. Man kann zwar das Wasser durch künstliches Anstauen zum Hinauffließen bringen, doch wäre das gegen die Natur des Wassers, ebenso wie es ein Verstoß gegen die Natur des Menschen ist, wenn er durch eine künstliche Verstümmelung seiner angeborenen Güte zu Schlechtem verleitet wird (Buch „Mengdse", VI, I, 2).
Zur Schule der Konfuzianer zählt auch ein Philosoph, der die angeborene Güte des Menschen kategorisch verneinte und den Begriff „Li" (Riten) in einem neuen Sinn auslegte, der große Eklektiker Hsündse (298–238 v. u. Z.). Der Leser mag hier die Frage stellen, warum wir uns mit einem Philosophen beschäftigen, dessen Leben zeitlich offenbar später anzusetzen ist als die Entstehung des Daudedsching. Doch der Dauismus schwamm im und mit dem Strom seiner Zeit, und ohne das historische Vorher und Nachher zu kennen, wäre es wohl kaum möglich, seine Position in der geschichtlichen Entwicklung zu bestimmen.
In der Debatte über die Natur des Menschen, die den Übergang vom sittlichen Prinzip zur Gesetzlichkeit, vom Ritualismus zum Legalismus begleitete – eine ideologische Konsequenz des weiteren Verfalls der feudalpartikularistischen Verhältnisse –, nahm Hsündse eine extreme Haltung ein. „Das Wesen des Menschen ist schlecht, seine guten Eigenschaften sind ihm künstlich anerzogen" (Buch „Hsündse" XXIII). „Von Natur aus ist er auf seinen Vorteil bedacht" (ebd.). „Von Geburt an besitzt der Mensch Begierden. Begehrt er etwas, ohne es zu erhalten, so muß er danach streben, und tut er das ohne Maß und Schranken, so muß es zum Streit kommen. Streit bringt Wirrnis, Wirrnis führt zur Erschöpfung. Die weisen Herrscher des Altertums verabscheuten Wirrnis. Darum schufen sie die Riten, um die Menschen zu teilen, um ihre Begierden zu befriedigen und ihnen zukommen zu lassen, was sie erstrebten" (Buch „Hsündse" XIX). Der Ethos der Riten war bei Hsündse durch den in ihnen inhärenten Charakter einer Rechtsnorm praktisch ersetzt worden. Die Riten waren für ihn vor allem ein Mittel, um die Zufriedenstellung materieller und sozialer Ansprüche zu gewährleisten, und zwar so, daß die gesellschaftliche Ordnung nicht dadurch gestört wurde. „Und sind die (sinnlichen) Wünsche des Edlen befriedigt, so ist er darauf bedacht, die

Unterschiede zu fixieren. Was versteht man unter Unterschieden? Ich sage: die Stufung von edel und gemein, von alt und jung, von arm und reich, von jenen, die leicht, und jenen, die schwer zu tragen haben. Ihnen allen soll gegeben werden, was ihnen zukommt" (Kap. XIX). Soweit seine pragmatische Bewertung der Riten. Aber auch Hsündse hatte die Schnur, die ihn mit einer älteren Vorstellungswelt verband, bloß einreißen und nicht zerreißen können. Das Dau war zwar für ihn nur mehr „Das Walten des Himmels (der Natur), der seinen ewigen Gang geht", unbeeinflußt von der Güte eines Yao oder der Schlechtigkeit eines Dschie (Könige des Altertums), der dann Segen spendet, wenn die Regierungsmaßnahmen vernünftig sind, und Unheil bringt, wenn man in wirrer Weise gegen seine Gesetze verstößt – kurz: die Eigengesetzlichkeit der Natur, die vom Menschen zu seinem Vorteil benutzt oder zu seinem Nachteil vernachlässigt oder mißbraucht werden kann (XVII). Hingegen schlich sich in seine pragmatische Auslegung der Riten ein Element ein, das er bei seiner Bestimmung des Dau schon überwunden zu haben schien. „Die Riten haben drei Grundlagen: Himmel und Erde sind die Grundlage des Lebens; die Ahnen sind die Grundlage der Gattung; Herrscher und Lehrer sind die Grundlage der menschlichen Ordnung. Darum dienen die Riten dem Himmel oben, der Erde unten, den Ahnen bringen sie Verehrung entgegen, und die Herrscher und Lehrer verherrlichen sie mit Gepräge" (XIX). Ja, nicht genug damit gab Hsündse dem „Li" (den Riten) zurück, was er dem Dau genommen: „Die Riten ... sind es, wodurch Himmel und Erde sich vereinigen, Sonne und Mond in Helle erstrahlen, die vier Jahreszeiten ihren Gang einhalten und die Gestirne ihre Bahnen ziehen, die Flüsse und Ströme dahinfließen und alle Dinge gedeihen. Liebe und Haß werden durch sie in Maß gehalten, Freude und Zorn geregelt. Die Niedriggestellten machen sie gefügig, den Herrschenden bringen sie Glanz. Trotz zahlloser Wandlungen verhüten sie Verwirrung, und wer gegen sie verstößt, muß zugrunde gehen. Sind nicht die Riten fürwahr das Höchste!" (Ebd.) Wir verstehen nun, warum die frühen Dauisten die Riten mit unverhohlenem Haß betrachteten. Sie sahen die drohende Faust der Rechtsnorm hinter dem scheinheiligen Schleier einer auf Riten beruhenden kosmischen Ordnung, deren unverfänglich scheinende Traditionen jederzeit zur Rechtfertigung der Gewaltherrschaft in einer verfaulenden Gesellschaftsordnung mißbraucht werden konnten. Darum ihr sehnsüchtiges Verlangen nach einer Gesellschaft, welche die *große heuchelei* noch nicht kannte, in der Pflicht und Recht noch nicht geschieden waren, die nicht den Riten aufdrängen mußte, was ihr an Dau verlorengegangen war!

Daß Hsündse, der in der Endphase der „Streitenden Reiche" die Lehren mehrerer Schulen eklektisch verarbeitete, den normativen Charakter der Riten besonders hervorhob, ihnen geradezu Gesetzeskraft zusprach, ist als ein Kompromiß gegenüber der mit dem Staat Tschin erstarkenden Schule der Legalisten aufzufassen. Wir erwähnten bereits, daß der Staat Tschin im Jahre 221 v. u. Z., nachdem er die übrigen sechs großen Fürstentümer der Periode der „Streitenden Reiche" nacheinander annektiert hatte, das gesamte Territorium in einem Großreich zusammenfaßte. Den Sieg über die anderen Kronprätendenten verdankten die Tschin-Könige einer Regierungsform, deren geistige Urheber ihre Ratgeber aus der Schule der Legalisten waren.

Ansätze zu einer Trennung bzw. Gegenübersetzung von Ritus und Rechtsnorm gab es zwar schon um die Mitte des ersten Jahrtausends v. u. Z., aber als Staatsdoktrin wirksam wurde der Legalismus erst nach dem Jahr 350 v. u. Z. Zu jenem Zeitpunkt begab sich ein Angehöriger der Fürstensippe von We namens Gung-sun Yang an den Tschin-Hof. Dort überzeugte er den Herzog (die Tschin-Herzöge legten sich erst später den Titel König bei) anhand historischer Beispiele, daß ein Bruch mit der althergebrachten Ordnung keineswegs Gefahren in sich berge, sondern im Gegenteil der einzige Weg zum Erfolg sei (Schangdschünschu I). Jene Fähigkeiten und Tugenden, welche allgemein geachtet werden, stellten seiner Meinung nach die ärgsten Hindernisse für die Errichtung eines wohlgeordneten Staatswesens dar. „Redegewandtheit und Klugheit sind Helfershelfer der Unordnung; die Riten und Musik sind Verlockungen zu Leichtfertigkeit und Müßiggang; Liebe und Güte sind die Nährmutter aller Verfehlungen..." (Schangdschünschu V).

Anstelle der herkömmlichen Sitten und Normen hätten Gesetze zu treten mit Gültigkeit für alle, ohne Unterschied von

Rang und Stand, und so klar formuliert, daß sie jedem, auch dem Dümmsten, verständlich wären. „Was der Weise für den Staat tut, ist einheitliche Normen für Belohnungen, Strafen und Erziehung festzulegen. Durch einheitliche Festsetzung der Belohnungen wird die Armee unbesiegbar; einheitliche Strafbestimmungen bewirken, daß die Befehle ausgeführt werden; einheitliche Erziehung verbürgt Gehorsam der Untergebenen ihren Vorgesetzten gegenüber" (Kap. XVII). „Durch Ackerbau und Krieg erwirkt der Herrscher Aufschwung seines Landes" (Kap. III). Belohnungen im Kriege wurden nach der Zahl der abgeschlagenen Köpfe zugemessen. Wir werden an spartanische Tugenden erinnert, wenn wir die folgenden Zeilen lesen: „In einem starken Staat sagen die Väter zu ihren Söhnen, die älteren zu ihren jüngeren Brüdern und die Frauen zu ihren Männern, wenn diese in den Krieg ziehen: ‚Nur als Sieger darfst du wiederkommen!'" (Kap. XVIII.) Im Frieden „muß man das Volk dazu bringen, sich mit ganzem Herzen dem Ackerbau zu widmen. Wenn es sich mit ganzem Herzen dem Ackerbau widmet, bleibt es naiv und unverdorben (pu: das gleiche Schriftzeichen wie im Daudedsching, Kap. 28, 37 usw.) und ist leicht in Zucht zu halten" (Kap. III). Die Bevölkerung wurde in Gruppen von je fünf oder zehn geteilt und durch drakonische Strafen dazu gezwungen, jedes, auch das geringste Vergehen anderer Gruppenmitglieder sofort zu denunzieren. Verschweigen wurde mit dem Strafmaß des verschwiegenen Verbrechens geahndet. In einem solchen Staat war kein Platz für Beamte, die den alten Tugenden huldigten. „Wenn gütige Beamte eingesetzt werden, so wird das Volk seine Anverwandten lieben; setzt man hingegen bösartige Beamte ein, so liebt das Volk nur mehr die Satzungen" (Kap. V). Die Riten, das „Buch der Lieder" (Schidsching), das „Buch der Geschichte" (Schudsching – beides kanonische Werke, die den Konfuzianern besonders teuer waren), die Begriffe Güte, Pietät usw. bezeichnete Gung-sun Yang als „Läuse", die man ausrotten müsse. Die Gelehrten anderer Schulen wurden mit Gehässigkeit verfolgt. Ein späterer Legalist, der schon erwähnte Hanfedse (gest. 233 v. u. Z.), einer der bedeutendsten Männer seiner Zeit, schrieb: „Im Staat eines klugen Königs werden keine Bücher geduldet. Zur Erziehung dient das Gesetz. Die Aussprüche der Herrscher des

Altertums kennt man nicht mehr. Als Erzieher dienen die Beamten..." (Buch „Hanfedse", Kap. 49). Dem Begriff De wurde der letzte Rest eines sittlichen Beigeschmacks genommen. „De ist das Ergebnis von Strafmaßnahmen" (Schangdschünschu V).
Es mag auf den ersten Blick recht verwunderlich erscheinen, in den Lehren dieser Schule, die die Anwendung brutaler Gewalt verherrlichte und jeder sittlichen Regung bewußt den Weg versperrte, irgendwelche Beziehungen zu den Dauisten suchen zu wollen. Und doch war es kein anderer als eben der bedeutendste Denker der Legalistischen Schule, Hanfedse, der – soweit uns bekannt ist – als erster das Daudedsching interpretierte. Ist das einer Laune des Zufalls zuzuschreiben?
Die Legalisten betrachteten die Privilegien des Erbadels und seine partikularistischen Interessen als das größte Hemmnis auf dem Wege zur Reichseinigung. Mittels des Gesetzes, das „keinen Unterschied zwischen hoch und niedrig" machte, suchten sie die Standesunterschiede im Interesse eines zentralistischen Beamtenstaats, an dessen Spitze die Inkarnation des Gesetzes in der Person des Herrschers stand, zu nivellieren. „Wenn ein Staat Ämter und Ehren nach Verdiensten vergibt, dann werden die Regierungsmaßnahmen einfach sein, und man braucht nicht viel Worte zu machen. Das nennt man: das Gesetz durch das Gesetz aufheben..." (Schangdschünschu XIII). „Bei der Strafzumessung sollen leichte Vergehen schwer bestraft werden. Wenn leichte Vergehen nicht vorkommen, werden auch keine schweren Verbrechen begangen werden. Das nennt man: Aufhebung der Strafen durch Strafen" (ebd.). In einem solchen System gelten nur mehr persönliche Verdienste, die nicht vererbt werden können. Und das Gesetz, das weder sittliche noch familiäre Bande anerkennt, wirkt mit der Eigengesetzlichkeit einer entfesselten Naturgewalt, die alles hinwegfegt, was ihr entgegentritt, um sich schließlich in einer widerstandslosen Welt selbst überflüssig zu machen. Theoretisch erstrebten die Legalisten den Niederbruch der hierarchischen Ordnung, um auf ihren Trümmern eine Gesellschaft aufzubauen, die scheinbar keine Klassen mehr kannte, sondern nur „Hüter des Gesetzes" und „vom Gesetz Behütete". War das Gesetz dann allen in Fleisch und Blut übergegangen, so sollte auch

dieser Unterschied verschwinden, und dann würde sich die Gesellschaft selbst regulieren – in ähnlicher Weise wie die sich in die kollektive Geborgenheit des Dau zurückflüchtenden Gemeinden, von welchen das Daudedsching spricht (Kap. 80) – nennen wir es instinktiv. Selbst im Detail zeigen sich Parallelen. Auch die Legalisten wandten sich gegen die Konzentration der Bevölkerung in den Städten; sie waren antistädtisch. In kleinen Dorfgemeinden sollten die Bauern, unberührt von aller Kultur und den traditionellen Tugenden, als selbstregulierende Mechanismen des Gesetzes leben. Außer dem Gesetz gab es nichts, das des Lernens wert gewesen wäre. Die Legalisten meinten es ernst mit der „Verdummung" des Volkes. Kultur war für sie ebenso „Verbildung" wie für die Dauisten – nur daß sie das Schwert zu zücken bereit waren, um die Menschen von dieser Verbildung und ihrer Menschlichkeit überhaupt zu befreien –, der SS-Mann zückte in solchen Fällen den Revolver. Die „Läuse" – Riten, „Ren", „I" usw. verabscheuten die Dauisten nicht minder (vgl. Daudedsching, Kap. 38); und jene, die wie „Läuse" sich parasitär am Blut des Volkes gütlich taten, die Feudalherren und „Weisen", waren den Dauisten – allerdings nicht aus absolutistischen, sondern wirklich demokratischen Gründen – zumindest ebenso verhaßt wie den Legalisten. Der Himmel kannte auch bei den Dauisten keine Güte (vgl. Daudedsching, Kap. 5); und ihr Dau wirkte, wenn auch in einer anderen Sphäre, mit ebenso unerbittlicher Strenge (Daudedsching, Kap. 23) wie das Gesetz. Wie das Dau, so tat auch das Gesetz *nichts überflüssiges*, ja es wirkte in den Augen der Legalisten nicht einmal wider die Natur. „In allem, was sich auf die Regierung des Reiches bezieht, muß man der menschlichen Natur gemäß handeln. Die menschliche Natur kennt Vorliebe und Abneigung; daher sind Belohnungen und Strafen wirkungsvoll." Das Gesetz stellte ja nur wieder Ordnung her, wo Unordnung geherrscht hatte. Und wenn es Überflüssiges wie den feudalpartikularistischen Adel und die Riten, jene „Helfershelfer der Unordnung", wegräumte, so schuf es damit nur die Voraussetzung für eine reibungslos funktionierende Ordnung. Und war diese Ordnung wiederhergestellt, so hatte die Vernunft über den Verstand gesiegt, die Gesetzmäßigkeit über das Gesetz – wie bei den Dauisten das kollektive Dau über individuelle

Begehrlichkeit, die Selbstvergessenheit über die Selbstsucht siegen sollten. Was die Dauisten durch bewußtes Nachgeben und Sich-Einfügen in das Dau, durch Pazifismus und Geschmeidigkeit allmählich erreichen wollten, suchten die Legalisten durch Aggressivität, Militarismus, durch Härte und brutale Gewalt mit einem Schlag zu erreichen. Die Dauisten projizierten ihr Ideal in eine tief empfundene Vergangenheit; die Gegenwart war für sie eine unliebsame Episode. Die Legalisten schürften aus einer vage empfundenen Vergangenheit das Erz für den Guß einer klarumrissenen Zukunft – die Gegenwart war für sie ein Schaffensprozeß.
Die größten Vertreter der legalistischen Schule, Gung-sun Yang, Hanfedse und Li Si, der Premier des Ersten Kaisers, wurden von den Herrschern, denen sie zu unumschränkter Macht verholfen hatten, hingerichtet. Daß die Tschin-Herrscher den Rat ihrer legalistischen Berater schätzten, leuchtet ein. Aber auch, daß sie sich ihrer wieder zu entledigen trachteten, hatte seine guten Gründe. Freilich waren die ihrer Privilegien beraubten Adligen den Legalisten nicht gut gesinnt. Doch Intrigen allein hätten sie kaum den Henkern ausgeliefert. „Der kluge Herrscher", schreibt Hanfedse, „übt sein Amt aus wie der Himmel (das seine) und verfügt über die Menschen (unsichtbar) wie die Geister der Ahnen..." (Kap. 48). Der Herrscher wirkte also wie das „himmlische" Gesetz – als Inkarnation des Gesetzes. Aber das Gesetz hatten die Legalisten geschaffen. Drohte nicht diese „Verkörperung des Gesetzes" trotz aller Macht und allen Glanzes doch nur eine Puppe in ihrer Hand zu werden?
Auch die Legalisten sprachen viel vom Dau, auch für sie war es *des himmels, der erde beginn,* zugleich aber auch der „Leitfaden zur Erkenntnis des Richtigen und Falschen" (Buch „Hanfedse", Kap. 5) – genaugenommen: des für die Praxis des zentralistischen Beamtenstaats Vorteilhaften oder Nachteiligen. Sie lösten viele der Aufgaben, die sie sich gestellt hatten, sehr zur Zufriedenheit kaiserlicher Herzen. Und so fanden sie willig Aufnahme – wenn auch durch die Hintertür – an den Höfen späterer Dynastien. Man schmähte zwar den Ersten Kaiser, Schihuangdi von Tschin, ob seiner Grausamkeit und insbesondere, weil er, da „im Staat eines klugen Königs keine Bücher geduldet werden", den Rat der Legalisten ernsthaft befolgt und ein literarisches Autodafé

veranstaltet hatte. Aber trotz aller Schmähungen zeigte der Legalismus weiter seine Fratze hinter der sittlich verblümten Fassade des zentralistischen Beamtenstaats, vor der sich gravitätisch die Konfuzianer spreizten. Das stille Feuer des Dauismus glomm in der Opposition weiter, und manchmal sprang ein Funke über in die Herzen der Hörigen und kleinen Bauern. Dann zeigte der Dauismus, daß er auch streitbar sein konnte; denn in ihm schlummerte der Traum einer gerechten Gemeinschaft freier Bauern. Und nicht selten drang ein Hauch des dauistischen Geistes in die Studierstube des Gelehrten, dem der Dogmatismus und Ritualismus der konfuzianischen Staatsdoktrin und die Korruption und Heuchelei der Beamtenschaft unerträglich geworden waren. Als im 4. Jahrhundert u. Z. Fremdvölker den Norden Chinas überrannten und die gebildeten Gutsherren und Beamten sich über den Jangdse nach dem Süden retteten, fand eine Massenflucht in die kontemplativen Gefilde der Philosophie des Daudedsching und des „Dschuangdse" statt. Neben diesem esoterischen Dauismus der Intelligenz blühten allerlei exotische dauistische Lehren, die unter dem Einfluß des Buddhismus – und um mit ihm konkurrenzfähig zu bleiben – alte Kulte, von den Buddhisten entlehnte oder selbst erfundene Götter und Geister, personifizierte Begriffe, magische Praktiken u. dgl. mit ein paar Fäden aus der dauistischen Philosophie lose zusammenwoben. Doch hier betreten wir den Boden der Religion ... Kehren wir noch einmal zu den „Hundert Schulen" zurück.
Die Schule des Modse (Modschia), der universale Liebe (also Aufhebung der durch die Riten gebundenen menschlichen Beziehungen), Genügsamkeit und Pazifismus predigte, besaß eine straffe „internationale" Organisation mit einem „Großmeister" an der Spitze. Trotz ihrer pazifistischen Einstellung eilte die „Brüderschaft" bereitwillig zu Hilfe, wo immer ein Unrecht geschehen war. In dieser Hinsicht – in ihrer Streitbarkeit – unterschieden sich die Anhänger des Modse grundlegend von den frühen Dauisten, die *nichts überflüssiges* taten. Hingegen zeigten beide Schulen die gleiche Abneigung gegen Ritus und Musik, die gleiche Vorliebe für Genügsamkeit und Bedürfnislosigkeit. Die Schule der Kosmiker (Yinyangdschia), die sich verhältnismäßig spät herausbildete, verband ein pseudowissenschaftliches System

der Wechselwirkungen der Yin- und Yang-Kräfte und der Fünf Elemente (Wasser, Feuer, Holz, Metall und Erde) mit geographischen, astronomischen und astrologischen Erkenntnissen und Theorien. Ihr Einfluß auf die frühen Dauisten war verhältnismäßig gering. Die Schule der „Namen" (der Logiker oder Terminologen: Mingdschia), die mit sophistischen Spitzfindigkeiten dem Verhältnis zwischen Namen und Wirklichkeit nachspürte, wirkte zumindest auf Dschuangdse stark ein; aber auch im Daudedsching läßt sich ein gewisser, wenn auch negativer Einfluß dieser Schule erkennen (vgl. Kap. 32, 47 usw.). Die Frage der „Richtigstellung der Namen" war allerdings durch den Niedergang der ritualistischen Ordnung allgemein sehr akut geworden. Denn die Fürsten „überschritten die ihnen vom Ritual gesetzten Grenzen und verstießen gegen die Hierarchie der Titel". Auch Konfuzius klagte, daß „wenn die Namen nicht richtig" sind, „die Sprache mit der Wahrheit nicht übereinstimmt" (Lunyü XIII, 3). Die frühen Dauisten nahmen in dieser Frage einen radikalen Standpunkt ein: sie verlangten die Aufhebung der Namen.
Die Schulen der Philosophen Peng Meng und Schen Dau zeigten große Ähnlichkeit mit den frühen Dauisten. Sie befürworteten eine Nivellierung der Wertbegriffe. „Der Himmel kann überdecken, aber nicht tragen; die Erde kann tragen, aber nicht überdecken. Das Dau umfaßt alles, doch läßt es sich nicht erklären." So haben „alle Dinge etwas, wozu sie fähig sind, indes sie anderer Fähigkeiten ermangeln" (Dschuangdse, Kap. 33). Peng Meng gab „Belehrung ohne Worte" und suchte eine geistige Haltung zu erreichen, die nichts mehr als lobens- oder tadelnswert empfand. Wie der Autor des Daudedsching trat auch Schen Dau für „Beseitigung des Wissens und Aufgabe des Selbst" ein und verlachte „die Welt, die die Achtenswerten achtet" (ebd.). Wir wollen zum Schluß noch einen gewissen Hsü Hsing erwähnen, über den sich eine kurze Aufzeichnung im Buch „Mengdse" (III, I, 4) findet. Dieser Hsü Hsing wollte die Lehren des legendären „heiligen Ackermanns" (Schenlung) in die Praxis umsetzen und verlangte von den Fürsten, daß sie gemeinsam mit den Bauern selbst den Acker bestellen und ihre Regierungsgeschäfte gleichsam als Nebenbeschäftigung in ihrer Freizeit betreiben sollten. Die Schule der „Agrikulturisten",

die mit seinem Namen verbunden ist, zeigt gleichfalls dauistische Züge. War er der Praktiker unter den Dauisten? Viel Glück in der Propagierung seiner Ideen scheint ihm nicht beschieden gewesen zu sein.
Über den Verfasser des Daudedsching wird berichtet, daß er aus dem südlichen Staat Tschu stammte. Das scheint glaubwürdig zu sein, und nicht nur aus philologischen Gründen – ein gewisser Einfluß des Tschu-Dialekts ist in diesem Werk spürbar. Die frühen Dauisten werden in alten Aufzeichnungen immer als „südliche Schule" den Konfuzianern und anderen Schulen des „Nordens" gegenübergestellt. Sonst wissen wir so gut wie nichts über den Verfasser, der angeblich Li Er, Lau Dan bzw. Laudse oder Laulaidse geheißen haben soll. In seiner „Biographie" im Schidschi (verfaßt um das Jahr 100 v. u. Z.) tritt nur eines klar hervor: daß der Biograph sich auf legendäres Material stützte, an dessen Authentizität er selbst nicht recht glauben wollte.[1]
„Habent sua fata libelli" (die Büchlein haben ihre Schicksale) – und so auch ihre Autoren, vor allem, wenn sie sich wie „Laudse" vor lauter „Selbstvergessenheit" ganz hinter ihr Werk zurückziehen. Ist es beklagens- oder lachenswert, wenn Philosophen, die in ihrem System Doppeldeutigkeit zulassen, zu ihrem eigenen Erstaunen eines Tages in der liebevollen Umarmung ihrer ärgsten Feinde landen?... Im Jahre 165 u. Z. ließ Kaiser Huan der Han-Dynastie dem „Laudse" zum erstenmal feierlich Opfer darbringen. Denn der „Kaiser hatte eine Vorliebe für Genien und Geister" (Houhanschu, Kap. 18). So verbildete sich die dauistische Philosophie selber zu einer Religion, ja zur Alchimie; und anstatt in das *dunkelgründig tiefe* einzudringen und in das Dau zurückzukehren, brauten spätere Dauisten Lebenselixiere und Aphrodisiaka für die vom vielen Regieren erschöpfte Nobilität. Und Laudse, der die Riten so bitter verhöhnt und jede hierarchische Stufung der Menschen verabscheut hatte, rückte immer höher hinauf auf der Stufenleiter des Himmels, bis er schließlich als „Jadekaiser", als Inkarnation des höchsten Himmelsherrn und himmlisches Double der irdischen Majestät, die oberste Sprosse des Pantheons erklommen hatte.
Die Befreiung der Welt von Idolen, ob es sich dabei nun um

---

[1] Im Anhang bringen wir den Text dieser „Biographie".

„Jadekaiser" aus freien oder unfreien Stücken oder nur um schlichte *idola tribus* (Trugbilder des menschlichen Stammes) bzw. *idola fori* (Trugbilder des Marktes) im Sinne des Francis Bacon von Verulam handelt, müßte nach allem, was wir aus dem „Buch vom Dau und De" entnehmen können, Laudse ebenso bewegt haben, wie sie uns auch noch heute bewegt oder wenigstens bewegen sollte. In dieser – und nicht nur in dieser – Hinsicht spricht der Alte Meister mit einer geistigen Jugendlichkeit und Vitalität zu uns, die seinen oft dunklen Worten paradoxerweise mehr Klarheit verleiht, als wir in den ängstlich präzisen Formulierungen späterer Kathederphilosophen zu finden gewohnt sind. Denn er rüttelt mit Macht an der Trägheit des Denkens und an Vorurteilen, die auch heute noch nicht überall abgelegt sind. Und wenn wir ihn maliziös der Doppeldeutigkeit bezichtigten, so geschah das im Hinblick auf die Folgen, nicht auf die Absichten des Alten Meisters. Laudse selbst war eindeutig zumindest in einem – in seiner Abscheu vor dem *erbärmlichen großtun von räubern* (Kap. 53).

Unbestreitbar sollte schließlich die Diesseitigkeit seines Denkens sein: Laudse widersteht allen Versuchen, ihn in die Ahnenreihe der Präzeptoren religiöser Transzendenz zu stellen. Freilich wäre das andere Extrem – seine Festlegung auf eine ausgesprochen materialistische Position – bei der starken Verflechtung seiner Lehre mit magischem und mystischem Gedankengut – ebenso unbillig und gewaltsam.

Befreien wir also Laudse von seinem Jadekaisertum dieser oder jener Provenienz, um ihm nach unseren Möglichkeiten von der Künstlichkeit eines mit Aufschriften und Etikettierungen versehenen Piedestals in die Natürlichkeit seiner geschichtlichen Position zurückzuverhelfen. In seinem wahren Bereich würde er sicher nicht mit weniger Recht jenen angehören, von denen er sagte: *wer dahingeht, ohne zu vergehen, lebt ewig!*

Ernst Schwarz

1.

sagbar das Dau
doch nicht das ewige Dau
nennbar der name
doch nicht der ewige name
namenlos
des himmels, der erde beginn
namhaft erst der zahllosen dinge urmutter
darum:
immer begehrlos
und schaubar wird der dinge geheimnis
immer begehrlich
und schaubar wird der dinge umrandung
beide gemeinsam entsprungen dem einen
sind sie nur anders im namen
gemeinsam gehören sie dem tiefen
dort, wo am tiefsten das tiefe
liegt aller geheimnisse pforte

2.

alle wissen, daß schön das schöne
so gibt es das häßliche
alle wissen, daß gut das gute
so gibt es das böse
denn:
voll und leer gebären einander
leicht und schwer vollbringen einander
lang und kurz bedingen einander
hoch und niedrig bezwingen einander
klang und ton stimmen einander
vorher und nachher folgen einander
darum tut der weise ohne taten
bringt belehrung ohne worte
so gedeihen die dinge ohne widerstand
so läßt er sie wachsen und besitzt sie nicht
tut und verlangt nichts für sich
nimmt nichts für sich, was er vollbracht
und da er nichts nimmt
verliert er nichts

3.

achtet nicht die achtenswerten
und es wird nicht streit sein im volk
schätzt nicht schätzenswerte güter
und es wird nicht räuber geben im volk
zeigt nichts begehrenswertes
und es wird keine verwirrung sein im herzen des volkes

so herrscht der weise:
    das herz leeren
    den bauch füllen
    stärken die knochen
    schwächen den willen

immer läßt er das volk ohne wissen und begierde
und die klugen ohne mut zum handeln
durch nichthandeln bleibt nichts ungeordnet

4.

ein unerschöpfliches gefäß ist das Dau
urgründig, dem urahn aller dinge vergleichbar
urtief und doch allgegenwärtig
ich weiß nicht, wes kind es ist
doch eh noch Di war, der ahn des himmels
war es

5.

himmel und erde kennen nicht güte
wie die opferhunde aus stroh sind für sie alle dinge
die weisen kennen nicht güte
wie die opferhunde aus stroh sind für sie alle menschen

was zwischen himmel und erde ist
gleicht es nicht dem blasebalg?
hohl und doch unversiegbar
bewegt und immer mehr zeugend

wortreichtum verarmt
wahre lieber das maß!

6.

unsterblich ist der tiefe geist des tals
der dunkle mutterschoß sei er benannt
und dieses dunklen mutterschoßes pforte –
genannt wird sie die wurzel des alls
sich hinschlingend durch alles, allgegenwärtig
wirkt sie und wirkt doch mühelos

7.

ewig sind himmel und erde
und sie sind ewig
weil sie nicht wirken ihrer selbst wegen
daher ihre ewigkeit
so stellt der weise sein selbst zurück
und ist den anderen voraus
wahrt nicht sein selbst
und es bleibt ihm bewahrt
denn ohne eigensucht
vollendet er das eigene

8.

höchste güte ist wie das wasser
gut tut es den dingen und streitet mit keinem
das niedrige, das alle verachten, füllt es
so gleicht es dem Dau

beim hausbau sei der ort gut gewählt
beim herzen seine tiefe gut ergründet
beim geben der gebende gutgesinnt
bei worten die wahrheit gut erwogen
beim regieren der staat gut geordnet
beim werk der tüchtigste gut ausgesucht
zum handeln gut ausgewählt die zeit
nur wer wie das wasser streitet mit keinem
ist ohne leid

9.

besser ist aufhören
denn überfüllen

die klinge immerfort geschärft
bleibt nicht lange klinge

der saal mit gold und jade vollgestopft
ist nicht vor räubern zu bewahren

glanz und ehren mit hochmut gepaart
ziehn sich selbst ins verderben

zurückziehn nach getanem werk
so ist das Dau des himmels

10.

ohne geschäftigsein, ans eine sich haltend
kann die seele sich dann noch zerstreuen?

die atemkraft sammelnd, geschmeidig werdend
kann man nicht rückkehren zum kindsein?

den blick läuternd zur schau des tiefen
kann man nicht frei werden von unreinheit?

das volk lieben, den staat ordnen
braucht man dazu wissen?

kann sich öffnen und schließen das himmelstor
ohne das weibliche?

klarheit, die alles ringsum erreicht
braucht sie denn tätigsein?

der weise läßt sie wachsen und nährt sie
läßt die dinge wachsen und besitzt sie nicht
tut und verlangt nichts für sich
behüter, nicht beherrscher
das sei genannt Süen De – das tiefste De

11.

dreißig speichen umringen die nabe
wo nichts ist
liegt der nutzen des rads

aus ton formt der töpfer den topf
wo er hohl ist
liegt der nutzen des topfs

tür und fenster höhlen die wände
wo es leer bleibt
liegt der nutzen des hauses

so bringt seiendes gewinn
doch nichtseiendes nutzen

12.

farbenpracht blendet das auge
klangreichtum betäubt das ohr
feinschmeckerei verdirbt den geschmack
hetzen und jagen verwirren das herz
seltene güter führen zu verbotenem

darum sorgt der weise für den bauch, nicht für das auge
für das, nicht für dies

13.

gnade und ungnade – angst machen sie beide
ein großes übel wie das selbst wird hochgeschätzt
warum sage ich: gnade und ungnade – angst machen sie beide?
gnade gilt dem tieferstehenden
ängstlich empfängt er sie
mit angst verliert er sie
so sage ich: gnade und ungnade – angst machen sie beide
und warum sage ich: ein großes übel wie das selbst wird hochgeschätzt?
befallen werde ich von großen übeln
weil ich ein selbst besitze
wäre ich frei vom selbst
welches übel gäbe es für mich?
dem aber, der die welt macht zum selbst
mag man die welt überlassen
dem, der liebend der welt gleichsetzt sein selbst
mag man die welt anvertrauen

14.

das auge sieht es nicht – ihr nennt es unsichtbar
das ohr hört es nicht – ihr nennt es unhörbar
die hand faßt es nicht – ihr nennt es unfaßbar
dreifach trotzt es dem verstand
denn es ist eines, in sich selbst verwoben
oben ohne licht
unten ohne dunkelheit
es dehnt sich hin unendlich, namenlos
und strömt zurück in das nichtdingliche
so nenn ich es gestaltlose gestalt
ding der nichtdinglichkeit
nennen mag man es formlos, nebelhaft
entgegentretend sieht man nicht sein gesicht
ihm folgend nicht den rücken
haltet fest am Dau der alten
mit ihm zu leiten das neue
den uranfang erkennen
nenn ich leitspur des Dau

15.

die wahrhaft verständigen des altertums
feingeistig waren sie, verborgenes durchdringend
tief, unbegreifbar tief
und da sie nicht zu begreifen sind
muß man sie mühsam in bildern beschreiben:
    zaudernd, wie flüsse im winter durchwatend
    furchtsam, wie vor den nachbarn erschreckend
    feierlich, wie ein gast sich gebärdend
    vorsichtig, wie schmelzendes eis beschreitend
    klobig wie unbehauene scheite
    weit wie täler
    undurchsichtig wie trübes
wer kann allmählich trübes klären durch ruhe
wer kann langbewegtes beruhigen und allmählich bringen zu wachstum?
wer das Dau bewahrt, begehrt nicht überfülle
wer nicht überfülle begehrt
kann erhalten, ohne neues zu schaffen

16.

erreiche den gipfel der leere
bewahre die fülle der ruhe
und alle dinge werden gedeihen
so kann ich ihre rückkehr erschauen
von allen dingen in ihrer vielfalt
findet ein jedes zurück zur wurzel
wurzelwiederfinden heißt stille –
was man nennen mag: rückkehr zum wesen
rückkehr zum wesen heißt ewigdauern
ewigdauerndes kennen heißt klarheit
wer ewigdauerndes nicht kennt
wirkt blindlings zum unheil
wer ewigdauerndes kennt, umfaßt alles
wer alles umfaßt, gehört allen
wer allen gehört, ist königlich
königliches gleicht dem himmel
der himmel gleicht dem Dau
das Dau gleicht der ewigkeit
wer dauert im Dau
taucht in die tiefe gefahrlos

17.

zuerst wußten die niedrigen kaum von den herrschern
später drängten sie sich um sie und rühmten sie
sie zu fürchten lernten sie später
dann zu verachten

wo das vertrauen fehlt
spricht der verdacht
wahre herrscher legen nicht wert auf worte
von wert sind alle ihre taten
von selbst getan erscheinen sie dem volk

18.

verloren ging das große Dau –
güte und rechtschaffenheit entstand
hervortrat die klugheit –
die große heuchelei entstand
zerrissen war die sippe –
der familiensinn entstand
in wirrnissen zerfiel der staat –
der treue minister entstand

19.

schafft ab die heiligkeit, verwerft die klugheit –
die menschen werden hundertfach gewinnen

schafft ab die güte, verwerft die rechtschaffenheit –
die menschen werden wieder einander lieben

schafft ab die geschicklichkeit, verwerft die gewinnsucht –
keine diebe und räuber wird es mehr geben

denn all das ist ein schmuck und taugt doch nichts

darum lehrt die leute:
zum schlichten und echten zurückkehren
wenig wollen, nicht viel begehren

20.

tu ab das erlernte, und ohne sorgen wirst du sein

wie wenig trennt jasagen von heuchelei!
wie wenig scheidet gut von schlecht!

zu fürchten ist, was alle fürchten

ach, endlos scheint das wirrsal dieser welt
die menge drängt und tummelt sich
als ginge sie zum opferschmaus
als zöge sie zum frühjahrsfest

ich ruhe in mir still und ungeteilt
dem kinde gleich, der mutterbrust noch nicht entwöhnt
ein heimatloser, der nicht weiß wohin

mehr als sie brauchen, haben alle
ich allein vertue, was ich hab
mein herz ist eines toren herz
einfältig dumpf

die menge liebt den glanz
ich allein liebe das trübe
die menge liebt die unterscheidung
ich allein liebe das unterschiedslose
ruhlos wie das meer
ziellos wie der wind

alle tun, als wären sie von nutzen
nur ich bin störrig wie ein tölpel
nur ich bin anders als die andern
und schätz die nahrung an der mutterbrust

21.

regt sich das große De
immer folgt es dem Dau
das Dau als ding –
ein schattenhaftes ist es, nebelhaftes
o nebelhaftes, schattenhaftes
es ruht gestaltbares darin
o schattenhaftes, nebelhaftes
es ruht das dingliche darin
o dunkles, dunkelgründig tiefes
es ruht der samen kraft darin
ein wahres ist der samen kraft
es ruht verläßliches darin
von anbeginn bis heute
schwanden nie die namen der dinge
so wird aller anfang erschaubar
wie weiß ich von ihrer urgestalt?
durch es

22.

verkrüppeltes wird ganz
krummes wird gerade
leeres wird voll
altes wird neu
wenig wird viel
vieles macht wirr

so hält sich der weise ans eine
und wird zum vorbild für alle
er zeigt sich nicht
so wird er sichtbar
er will nicht recht behalten
so wird sein recht offenbar
er pocht nicht auf verdienste
so schafft er verdienstvolles
er tut sich nicht hervor
so fällt ihm der vorrang von selbst zu

nur wer mit keinem streitet
bleibt unbestritten sieger

so ist das wort der alten:
verkrüppeltes wird ganz
kein leeres gerede
was wahrhaft ganz wird
dem strömt alles zu

23.

unhörbar ist die sprache der natur

der wirbelwind dauert keinen morgen
der regenschwall dauert keinen tag
wer aber erzeugt wind und regen?
himmel und erde

selbst himmel und erde können nichts dauerndes schaffen
um wieviel weniger der mensch

doch wer dem Dau folgt
wird eins mit dem Dau
wer dem De folgt
wird eins mit dem De
wer sie verloren hat
wird eins mit seiner verlorenheit

wer eins wird mit dem Dau
den umfängt willig das Dau
wer eins wird mit dem De
den umfängt willig das De
wer eins wird mit ihrem verlust
den umfängt willig die verlorenheit

wo das vertrauen fehlt
spricht der verdacht

24.

wer auf den zehen steht, steht nicht sicher
wer große schritte macht, kommt nicht weit
wer sich gern selbst zeigt, den übersieht man
wer gerne recht behält, den überhört man
wer auf verdienste pocht, schafft nichts verdienstvolles
wer sich hervorhebt, verwirkt den vorrang
im sinn des Dau gesprochen wäre das:
schlemmen – nicht essen, stolzieren – nicht gehen
und das erweckt bei allen wesen abscheu
wer sich ans Dau hält
handelt niemals so

25.

ein etwas gibt es, aus dem chaos geworden
früher als himmel und erde entstanden
ein einsam-stilles, endlos-weites
in sich allein, unwandelbar
kreisend, nie sich erschöpfend
des alls urmutter könnte man es nennen
ich kenne seinen namen nicht
ich nenne es Dau
und da ich es bezeichnen muß
nenn ich es groß
groß – denn es entfließt
entfließt – ist also fern
fern – und kehrt doch zurück
so ist das Dau groß
groß der himmel
groß die erde
und groß auch das königliche
vier große dinge gibt es in der welt
eines davon ist das königliche
es folgt der mensch der erde
die erde folgt dem himmel
der himmel folgt dem Dau
das Dau folgt sich selbst

26.

das schwere ist die wurzel des leichten
die ruhe ist herr der erregung

so geht der weise seinen tagesweg
und trennt sich nie vom schwierigen
wird ihm auch ehre und achtung zuteil
gleichmütig steht er darüber

darf dann ein mächtiger fürst
leichtnehmen die welt?
den boden unter den füßen verliert der leichtnehmende
die herrschaft verliert der erregte

27.

gut geht, wer ohne spuren geht
gut redet, wer ohne schnitzer redet
gut rechnet, wer ohne stäbchen rechnet
gut schließt, wer ohne schloß, doch unaufschließbar schließt
gut knüpft, wer ohne strick, doch unaufknüpfbar knüpft

so bewahrt der weise die menschen gut
und keinen übersieht er
bewahrt die dinge gut
und keines übersieht er
das nenne ich: der helle folgen

denn der gute dient dem unguten als lehrmeister
der ungute dem guten als lehrling
wer nicht schätzt seinen lehrmeister
nicht liebt seinen lehrling
geht irr, sei er noch so klug
das nenn ich wesentlich

28.

das männliche wissen
das weibliche wahren
so wird man zum strom der welt
wird man zum strom der welt
der nie das De verläßt
und rückströmt in die kindlichkeit

das lichte wissen
das dunkle wahren
so wird man zum maß der welt
wird man zum maß der welt
das nie vom De abweicht
und rückströmt in die urgründigkeit

das ruhmvolle wissen
das ruhmlose wahren
so wird man zum tal der welt
wird man zum tal der welt
das immer das De erfüllt
und rückströmt in die ursprünglichkeit

wenn ursprüngliches zerfällt
so wird es zum werkzeug
gebraucht es der weise
wird es zum diener des staats –
die große ordnung braucht die spaltung nicht

29.

trachtet einer
an sich zu reißen das reich
so sag ich: vergebliche mühe!
ein opfergefäß ist das reich
unberührbar
wer es berührt, zerstört es
wer es ergreift, verliert es

so sind die dinge:
manche streben, andere folgen
manche hauchen, andere blasen
manche erstarken, andere erschlaffen
manche gestalten, andere zerstören

der weise aber tut ab das zuviel
den überfluß
das übermaß

30.

wer fürsten dient im dienste des Dau
erzwingt nicht mit waffen gehorsam im reich
sie schlagen zurück auf den schlagenden

dornengestrüpp überwuchert den boden
wo kriegsvolk gehaust hat
hinter den großen armeen
ziehen hungerjahre

gut ist siegen – und damit genug
man wage nicht, zwingherr zu sein
siegen und sich nicht brüsten
siegen und sich nicht rühmen
siegen und nicht stolz auf den sieg sein
gezwungen nur sei man ein sieger –
nicht, um zu zwingen

die kraft mißbrauchen bringt verfall
das heißt: dem Dau zuwiderhandeln
wer ihm zuwiderhandelt, endet früh

31.

ein böses werkzeug sind waffen
je besser sie sind, um so böser
als unheilbringer verabscheut
so huldigt ihnen auch nie, wer dem Dau dient
in friedlichen zeiten widmet der edle sich edlem
nur wenn er die waffe braucht
schätzt er die waffe
ein böses werkzeug sind waffen
sie sind kein werkzeug des edlen
gezwungen nur greift er zur waffe
der ruhe gleichmut schätzt er am höchsten
siegt er, so freut ihn der sieg nicht
wer des sieges sich freut
ist der mordlust verfallen
wer aber der mordlust verfallen
nie zwingt er der welt seinen willen auf

glückverheißend allein ist friedvolles tun
unglückverheißend das handwerk des krieges
und steht der flügelführer zur linken
zur rechten der mächtige feldherr
zu trauerfeiern rüstet euch
mit trauer und tränen gedenkt
der hingemetzelten scharen
mit trauerfeiern feiert den sieg!

32.

ewig ist das Dau und ohne namen –
doch wenn auch gering erscheint das unverdorbene
nichts in der welt ist so mächtig
es zu knechten

wenn nur die fürsten und herren das unverdorbene wahrten
willig strömte ihnen zu die vielfalt der dinge
glücklich verbänden sich himmel und erde
herabzusenden segenbringenden tau
zwanglos kehrte zurück das menschengeschlecht
zur gleichheit

als man aber mit namen begann zu trennen die dinge
wurden selbstherrlich die namen

doch gibt es auch solche, die sie zu bannen wissen
wer sie zu bannen weiß, entgeht allen gefahren
dem meer, in das alle flüsse münden
gleicht das Dau in der welt

33.

wer andere kennt, ist klug
wer sich kennt, ist weise
wer andere bezwingt, ist kraftvoll
wer sich selbst bezwingt, ist unbezwingbar
wer sich zu begnügen weiß, ist reich
wer sich durchsetzt, willensstark
wer sein wesen nicht verliert, währt lang
wer dahingeht, ohne zu vergehen, lebt ewig

34.

allüberströmend ist das Dau
in jede richtung kann es sich ergießen
alle dinge stützen sich aufs Dau
und willig wachsen sie
es tut sein werk und will nicht namen noch besitz
es kleidet, nährt die vielfalt aller dinge
und will nicht herr der dinge sein
nichts begehrt es je für sich
so mag mans nennen klein
ihm strömen alle dinge zu
doch herr der dinge will es niemals sein
so mag mans nennen groß
weil es die eigne größe nicht ermißt
vermag es groß zu sein

35.

wer sich ans große ungestalte hält
dem strömen alle wesen zu
strömen ihm zu und leiden keinen schaden
finden frieden und ruhe

der wandrer verweilt, verlockt vom klang des lieds
vom wohlgeruch der speise

doch fade schmeckt das Dau
das auge sieht es und erkennt nichts
das ohr hört es und vernimmt nichts
wer nach ihm handelt, dem versagt es nichts

36.

was man verengen will
muß man erweitern
was man schwächen will
muß man stärken
was man stürzen will
muß man erheben
wo man nehmen will
muß man geben
das nenne ich:
erkennen, eh sich die dinge geklärt
das weiche besiegt das harte
der fisch steige nicht aus der tiefe
scharfe waffen des staats zeige man nicht dem volke

37.

das Dau tut nichts, und nichts bleibt ungetan
wenn die fürsten und könige es zu wahren verstünden
die dinge wandelten sich von selbst
wandelten sich und gediehen
ich hielte sie nieder mit unverdorbenheit, die keine namen
    braucht
mit unverdorbenheit, die keine namen braucht
wären sie ohne begierde
ohne begierde durch ruhe
die welt ordnete sich von selbst

38.

das höchste De weiß nichts vom De
so bleibt das De erhalten
das niedre De will erhalten sein De
so geht sein De verloren
das höchste De ist untätig
so hat es nichts zu tun
das niedre De ist tätig
so hat es zu tun
die höchste güte ist tätig
so hat sie nichts zu tun
die höchste rechtschaffenheit ist tätig
und so hat sie zu tun
die höchsten riten schafft man
finden sie keinen widerhall
droht man und zwingt zum ritus

so ging das Dau verloren
ihm folgte das De
dann ging das De verloren
ihm folgte die güte
dann ging die güte verloren
ihr folgte die rechtschaffenheit
dann ging die rechtschaffenheit verloren
und ihr folgten die riten
die riten verdarben treue und vertrauen
und die wirrnis erhob ihr haupt

neunmalklugsein ist eine taube blüte des Dau
und aller betörung anfang

so hält sich der große mensch an das werdende
nicht ans verderbende
an die frucht, nicht an die taube blüte
so weist er das eine zurück und nimmt sich das andere

39.

so empfingen vor alters das eine:
der himmel und wurde klar
die erde und wurde still
die geister und wurden zaubermächtig
die täler und wurden erfüllt
die vielfalt der dinge und wurde lebenskräftig
die fürsten und könige und wurden richtmaß der welt
all das bewirkte das eine

der himmel, ohne das klärende, droht aufzureißen
die erde, ohne das stillende, aufzubrechen
die geister, ohne das zaubermächtige, zu erlahmen
die täler, ohne das füllende, zu vertrocknen
die vielfalt der dinge, ohne das lebenskräftige, zu vergehen
die fürsten und könige, ohne achtung des hohen, zu fallen

so ist das gemeine wurzel des edlen
das niedrige sockel des hohen
darum nennen sich auch die fürsten und könige selbst:
„ich waise", „ich witwer", „ich unwürdiger"
was ist denn anderes damit gemeint? nichts
als daß des edlen wurzel das gemeine ist!

darum bedarf die höchste ehre nicht der ehrung

so laßt das jadegeklingel
auch der gemeine stein tönt

40.

des Dau bewegung ist rückkehr
des Dau verhalten ist schwachsein

dem seienden entsprangen alle dinge der welt
das seiende – es entsprang dem nichtseienden

41.

hört ein verständiger vom Dau
folgt er ihm unbeirrt
hört ein mittelmäßiger vom Dau
folgt er ihm schwankend und verliert es
hört ein unverständiger vom Dau
so lacht er laut auf
was wäre denn das für ein Dau
das unverständige nicht verlachen!
darum heißt es:
wer das Dau versteht, scheint unverständig
wer im Dau fortschreitet, scheint rückwärts zu gehen
wer im Dau ausgeglichen, scheint rauh zu sein
wie das tiefste tal ist das höchste De
wie beflecktsein die größte reinheit
am engsten begrenzt scheint das weiteste De
gebrechlich scheint das stärkste De
ausgehöhlt scheint das vollste De
eckenlos scheint das größte quadrat
spät fertig wird ein großes gefäß
kaum zu hören ist ein gewaltiger klang
ungestalt ist die riesengestalt
verborgen und namenlos ist das Dau
doch alles verleiht es den dingen
und vollendet sie

42.

das Dau gebar das eine
das eine gebar die zweizahl
die zweizahl gebar die dreizahl
aus der dreizahl wurde die vielzahl
der dinge vielzahl
getragen vom Yin, umfangen vom Yang
geeint werden sie durch den allumfassenden krafthauch

waisentum, witwenschaft, unwürdigkeit
sind den menschen verhaßt
und doch nennen die fürsten sich:
„ich waise", „ich witwer", „ich unwürdiger"
mit den dingen ist es so:
sie mehren sich, wenn man sie verringert
verringern sich, wenn man sie mehrt

was andere lehrten
lehre auch ich:
eines gewaltsamen todes muß
der gewaltsame sterben
so dient auch der gewalttätige mir
als lehrmeister

43.

das härteste in der welt –
bezwungen wird es vom geschmeidigsten
das lückenlos undurchdringliche –
durchdrungen wird es vom gestaltlosen

so weiß ich denn:
nicht wider die natur handeln
fördert der dinge gedeihen

aber
belehrung ohne worte
handeln, doch nicht wider die natur –
gar selten trifft man dergleichen
in dieser welt

44.

ruhm oder leben, was liegt näher?
leben oder reichtum, was gilt mehr?
gewinn – verlust, was drückt schwerer?

denn so ist es:
begehrt man sehr, gibt man viel her
viel horten macht die speicher leer

nicht erniedrigt, wer sich bescheidet
nicht gefährdet, wer falsches meidet
so kann man ewig währen

45.

das vollkommenste gleicht unvollkommenem
und vergeht doch nie
die größte fülle gleicht leerem
und versiegt doch nie

das geradeste gleicht dem krummen
das geschickteste dem dummen
das beredteste dem stummen

bewegung überwindet kälte
stille überwindet hitze
reine stille gibt der welt
das rechte maß zurück

46.

herrscht in der welt das Dau –
karrt das roß den dünger aufs feld
fehlt in der welt das Dau –
grast das schlachtroß im feld

es ist kein übel ärger als begehren
kein unheil böser als sichnichtbegnügen
kein fehler größer als erwerbenwollen

nur wer sich in genügsamkeit genügt
hat stets genug

47.

nicht aus dem hause gehn
doch alles wissen
nicht aus dem fenster blicken
und doch das Dau des himmels sehn

je weiter hinaus man geht
desto weniger weiß man
darum geht der weise nicht hinaus
und weiß doch
blickt nicht hin
und kann doch der dinge namen nennen
handelt nicht
und vollendet doch

48.

wer dem lernen ergeben, gewinnt täglich
wer dem Dau ergeben, verliert täglich
verlierend, verlernend gelangt er
mählich dahin, nicht mehr tätig zu sein
nichts bleibt ungetan
wo nichts überflüssiges getan wird
zu wahrer herrschaft im reich gelangten
immer nur tatenlose
jene, die taten vollbringen
sind nicht fähig, das reich zu erlangen

49.

nicht immer gleich ist des weisen herz:
zum herzen des volkes macht er sein herz
gut heißt er die guten
gut aber auch die unguten:
denn gut ist aller dinge De
wahr nennt er die wahren
wahr aber auch die unwahren:
denn wahr ist aller dinge De
der weise strebt danach im reich
daß die herzen eins werden in einfalt
so sammelt sich wieder sicht und gehör des volkes
und alle macht er zum kinde

50.

geburt und tod ist allen lebewesen eigen
lebensfähig sind drei von zehn
todesträchtig auch drei von zehn
von den menschen aber
treiben sich selbst in den tod
drei von zehn
und warum?
weil sie zuviel tun für das leben
doch hört man, daß jene
die wohl zu wahren wissen ihr leben
das land durchziehen, verschont von nashorn und tiger
unbewaffnet durchschreiten waffenstarrende heere
nichts an ihnen lockt das nashorn, sein horn hineinzustoßen
nichts reizt den tiger, die kralle hineinzukrallen
keinen raum bietet ihr leib dem schwerte

und warum?
weil sie nicht achten den tod

51.

das Dau gebiert die dinge
das De erhält sie
die dingwelt formt sie
die eigenkraft vollendet sie

darum gibt es kein ding
das nicht ehrte das Dau und schützte das De
geehrt wird das Dau
geschützt wird das De
weil sie nie zwingen
und immer die dinge wachsen lassen
wie es ihnen entspricht

das Dau gebiert sie
das De erhält sie
läßt sie wachsen
läßt sie gedeihen
läßt sie reifen
und sich vollenden

(der weise) läßt die dinge wachsen und besitzt sie nicht
tut und verlangt nichts für sich
behüter, nicht beherrscher
das sei genannt Süen De – das tiefste De

52.

es war ein anfang des alls
benannt urmutter des alls
wer die urmutter erschaut hat
erkennt durch sie ihre kinder
wer ihre kinder erkannt hat
kehre zurück zur urmutter
sich eng an sie haltend
ist er gefeit bis an sein ende

wer seine sinne verschließt
das tor nach außen verriegelt
wird unter bürden nicht ächzen bis an sein ende
wer seine sinne aufschließt
sich hingibt den äußeren dingen
hoffnungslos lebt er dahin bis an sein ende

im keime erkennen, das nenn ich erhellt sein
sein schwachsein bewahren, das nenne ich starksein
wer sein licht nimmt und es zurückträgt zur helle
dem wird nie widerfahren ein leid
denn das heißt: dem ewigen folgen

53.

besäße einer überragendes wissen
er würde wandern die breite straße des Dau
und ängstlich krumme wege meiden

eben und gerade ist die große straße des Dau
doch die menschen lieben die nebenpfade

prachtvoll sind die paläste der fürsten
verwildert aber sind rings die äcker
und leer die getreidespeicher
die bunten gewänder der edlen glänzen
sie tragen scharfgeschliffene schwerter
übersättigt mit speise und trank sind sie
das beste ist ihnen zuwider
vor überfluß wissen sie nicht
wohin mit den schätzen und kostbarkeiten
das aber nenn ich „erbärmliches großtun von räubern"
nichts hat ihr tun gemein mit dem Dau!

54.

festgegründetes ist nicht abzubrechen
festumfangenes ist nicht wegzureißen
so werden söhne und enkel die opfer fortführn für immer

gebrauch es an dir –
das De wird echt
gebrauch es im haus –
das De wird mehr
gebrauch es im dorf –
das De wächst fort
gebrauch es im land
das De trägt frucht
gebrauchs in der welt –
das De dringt überall hin

so beurteile dich nach dir selbst
nach den leuten im hause das haus
nach den leuten im dorfe das dorf
nach den menschen im land das land
nach den geschöpfen der welt die welt
woher weiß ich, daß die welt so ist?
durch das Dau in mir

55.

wer die fülle des De bewahrt
gleicht dem kinde
giftiges gewürm sticht es nicht
das raubtier schlägt es nicht
der raubvogel hackt es nicht
schwach sind die knochen des kindes
zart seine sehnen
doch voll kraft ist sein griff
nichts weiß es von der geschlechter paarung
doch steift sich sein glied
ungeschwächt ist in ihm die samenkraft des lebens
schreit es von früh bis spät –
wird es nicht heiser
ungeschwächt in ihm ist der einklang
wer der vielstimmigkeit einklang kennt
kennt das ewige
wer das ewige kennt
findet die helle
unheil aber droht dem, der leben fördern will mit gewalt
nicht gewaltig, gewalttätig nenn ich den geist
der zwingen will die kräfte des lebens

die kraft mißbrauchen bringt verfall
das heißt: dem Dau zuwiderhandeln
wer ihm zuwiderhandelt, endet früh

56.

wer weiß, spricht nicht
wer spricht, weiß nicht

die sinne verschließen
die tore verriegeln
rauhkantiges glätten
das wirre schlichten
den vielglanz einen
gemeinsam im staube –
urtiefe gemeinsamkeit sei dies genannt

so kann keiner verwandt sein
keiner fremd sein
keiner gewinn erringen
keiner verlust erleiden
keiner edel sein
keiner gemein sein
das ist das edelste der welt

57.

ein land regiert man nach regel und maß
krieg führt man ohne regel mit list
das reich aber erringt man ohne taten
woher weiß ich, daß die welt so ist?
daher:
je mehr verbote
um so ärmer das volk
je mehr scharfe waffen im volk
um so wirrer der staat
je geschickter die menschen
um so mehr seltene waren
je mehr gesetze
um so mehr diebe und räuber
darum sagt der weise:
ich tue nichts, und das volk wandelt sich von selbst
ich verhalte mich still, und das volk findet das maß
ich bleibe tatenlos, und das volk gelangt zu wohlstand
ich bin begierdelos, und das volk findet zur unverdorbenheit

58.

ist die regierung schwerfällig
so ist das volk einfältig
ist die regierung scharfäugig
so ist das volk arglistig
unglück stützt sich aufs glück
glück liegt verborgen im unglück
wer weiß wo sie enden!
gibt es denn kein maß?
maßvolles wird zu maßlosem
gutes wird zu bösem
seit langem schon
gehn die menschen irre
darum dient der weise als richtmaß
und stutzt doch keinen danach zurecht
lebt ein lauteres leben
und kränkt doch keinen mit seiner lauterkeit
geht den geraden weg
und zwingt ihn doch keinem auf
erstrahlt in seinem licht
und sucht doch nicht zu glänzen

59.

nichts ist besser als in beiden –
menschenordnung, himmelsdienst –
karg zu sein, denn nur der karge
kann schon früh dem Dau sich fügen
und schon früh dem Dau sich fügen
heißt sein De noch reicher speichern
wer es aber reich gespeichert
dem kann nichts mehr widerstehen
kann ihm nichts mehr widerstehen
wirkt er endlos wie das Dau –
niemand kann sein wirken sehen
wirkt er endlos wie das Dau
kann sein wirken niemand sehen
ist er reif, den staat zu lenken
ist er wahrer sohn der mutter –
mutter wahrer menschenordnung –
und so kann er lang bestehen
also nenn ich tiefverwurzelt
und im Dau festgegründet
leben, das kein ende findet

60.

den großen staat regiert man
wie man kleine fische brät

wird nach dem Dau gelenkt das reich
sind die totengeister nicht mehr zaubermächtig
nicht, daß sie keine zaubermacht besäßen
ihre zaubermacht stört die menschen nicht mehr
nicht nur ihre zaubermacht stört die menschen nicht mehr
auch der weise stört nicht mehr die menschen
und da beide ihr De nicht mehr störend vertun
fließt es gemeinsam zurück ins Dau

61.

ist ein großer staat wie eines flusses unterlauf
so strömt ihm alles zu
in ihm verkörpert sich das weibliche der welt
ewig besiegt das weibliche durch stille das männliche
durch stille setzt es sich herab
wenn sich ein großer staat herabsetzt vor dem kleinen
so nimmt er auf den kleinen staat
wenn sich ein kleiner staat herabsetzt vor dem großen
wird er vom großen aufgenommen
so setzt der eine sich herab, um aufzunehmen
der andre, daß er aufgenommen werde
der große staat wünscht nur mit zu ernährn des andren volk
der kleine staat wünscht nur mitzudienen dem andren
so erhält jeder, was er wünscht
geziemend wäre es den großen staaten
sich so herabzusetzen

62.

das Dau – bewahrer aller dinge –
ist schatz dem guten
schutz dem bösen

mit schönen reden läßt manches sich erhandeln
mit würdigtun läßt mancher sich verknechten

warum sollte von den schlechten
das Dau verworfen werden?

wird ein könig auf den thron gesetzt
und werden die drei minister bestallt
so bringt nicht kostbare jadezepter
bringt ihnen zur huldigung lieber das Dau

warum war bei den alten das Dau so hoch angesehen?
weil man erhielt, was man wollte
trotz schuld der strafe entgehen konnte
darum schätzte es die welt

63.

handle – doch nie der natur zuwider
tu – doch nicht der taten wegen
schmeck – doch nicht um geschmack zu finden
großes wird aus geringem, wenig wächst und wird viel

vergelte übelwollen mit güte
für schweres sorg, solange es leicht ist
und für großes, solange es klein ist
denn alles schwere der welt ward aus leichtem
und alles große entsteht aus geringem
nie müht sich darum der weise um großes
und so vermag er großes zu schaffen

wer leicht verspricht
hält selten wort
viel schweres erduldet
wer vieles zu leichtnimmt
so hält der weise für schwer die dinge
und weil er nichts leichtnimmt
so fällt ihm nichts schwer

64.

ruhendes ist leicht zu halten
keimendes ist leicht zu leiten
sprödes leicht zu teilen
geringes leicht zu zerstreuen
handle, ehe es da ist
lenk es, ehe es wirr wird
der kaum zu umspannende baum
erwuchs aus dem reis
der neunstöckige turm
begann mit dem häufchen lehm
die reise von tausend meilen
mit einem schritt
wer handelt, verdirbt es
wer hält, verliert es
so handelt der weise nicht und verdirbt nichts
hält nichts und verliert nichts
wenn menschen handeln
versagen sie meist knapp vor der vollendung
wer das ende bedenkt, wie er den anfang bedachte
der wird nichts verderben
so wünscht der weise das nicht wünschenswerte
er schätzt nicht seltene güter
lernt die ungelehrtheit
geht zurück den weg, den die menschen gingen
um den dingen zurückzuhelfen zu ihrer natur
und wagt nur eines nicht: wider die natur zu handeln

65.

die alten meister im gebrauch des Dau
erhellten nicht den sinn des volkes
es zu verdummen brauchten sie das Dau
ein volk, an wissen reich
ist schwer in zucht zu halten

wer wissenfördernd einen staat regiert
begeht an seinem staate raub
wer wissenhindernd einen staat regiert
befördert seines staates glück

die beiden lehren sind ein vorbild
wer ewig sie zum vorbild nimmt
besitzt Hsüen De – das tief, das weit ist
das große wohlgelingen aber ist erreicht
wenn man zurückgekehrt ist mit den dingen

66.

herrscher über alle wässer sind strom und meer
nur weil sie sich tiefer stellen
tiefer denn alle wässer sich stellen
erhebt sie fürstlich über alle wässer

so muß der weise sich erniedrigen
will er sich übers volk erheben
so muß er hintennach sich stellen
will er vor dem volke stehen

so steht der weise überm volk
und fällt dem volke nicht zur last
so steht der weise vor dem volk
und wirkt ihm nicht zum schaden

freudig drängt ihn die welt nach vorn
und keiner murrt
da er mit keinem streitet
bleibt er unbestritten sieger

67.

einmütig sagt die welt von meinem Dau
es sei zwar groß, doch ungestalt
ungestalt macht es nur seine größe
denn wohlgestaltet
wär es längst erbärmlich klein

ich habe drei schätze
die halte ich fest
der erste – mitleid
der zweite – sparsamkeit
der dritte – angst, sich vorzudrängen

wer mitleid fühlt, kann mutig sein
wer sparsam ist, freigiebig sein
wer sich nicht vordrängt, aller wesen erstes sein
wer mitleidlos, doch mutig ist
nicht sparsam, doch freigiebig ist
sich vordrängt, statt sich hintennach zu stellen
der stirbt

von großer macht ist mitleid
im kampf verleiht es sieg
im widerstand festigkeit
und wen der himmel schützen will
den schützt er mit der macht des mitleids

68.

ein wahrer feldherr ist nicht kriegswütig
ein wahrer kämpfer ist nicht zornmütig
ein wahrer bezwinger des feinds nicht streitsüchtig
ein wahrer lenker der menschen aber ist demütig
das nenne ich De des nichtstreitens
das nenne ich kraft der menschenlenkung
nenn ich höchstes, das dem himmel gleicht
seit alters her

69.

unter strategen gibt es das wort:
ich wag nicht als herr einzutreten, ich komme lieber als gast
rück lieber zurück eine elle als vorwärts ein zoll

das nenn ich vorankommen ohne vordringen
schlagen ohne armbewegen
den feind vertreiben ohne feindseligkeit
gewappnet sein – doch ohne waffentragen

kein größres übel als den feind unterschätzen
das bringt mich leicht um meine schätze
wo sich im kampfe gleiche gegner messen
siegt der mitleidige

70.

sehr leicht sind meine worte zu verstehen
sehr leicht ist es, danach zu handeln
und dennoch gibt es keinen in der welt
der sie versteht, der danach handelt

denn jedes wort hat einen sinn
wie jede tat auch einen täter hat
das aber wissen nicht die menschen
und darum bin ich ihnen unbekannt

doch wachse ich an wert
je weniger mich kennen

so trägt der weise ein härenes kleid
und birgt doch jade im herzen

71.

wer sein nichtwissen weiß, ist erhaben
wer es für wissen hält, ist leidend
nur der gesundet von seinem leiden
der sein leiden erkannt hat als leiden

der weise aber leidet nicht
weil er sein leiden erkannt hat als leiden
darum leidet er nicht

72.

fürchtet das volk nicht mehr die macht
naht schon drohend die übermacht

plagt nicht das volk
macht ihm nicht hassenswert das leben!
nicht gehaßt wird nur der
der ihm nicht hassenswert macht das leben

der weise kennt die eigene kraft
und wird sie doch nie prahlend zeigen
kennt den eigenen wert
und wird sich doch nie selbst erhöhen
darum weist er macht von sich
und wählt demut

73.

wer den mut hat zu verzweifeltem wagnis, stirbt
wer den mut hat, nichts aus verzweiflung zu wagen, lebt
mut in beiden fällen –
doch nützt der eine, der andere schadet

wer weiß, wen und warum der himmel haßt?
so fällt auch dem weisen haß und strafe schwer

das Dau des himmels streitet nicht und siegt immer
redet nicht und findet immer die antwort
ruft nicht, und alle eilen von selbst herbei
verhält sich still und vermag doch weise zu lenken

des himmels netz ist von gewaltiger größe
weitmaschig, und doch entschlüpft ihm nichts

74.

wenn das volk den tod nicht mehr fürchtet
wie wollt ihr es mit dem tode schrecken?
solange es den tod fürchtet
mögt ihr die störenfriede packen und töten –
wer hätte noch mut zu verzweifeltem wagnis?

töten soll nur, wer zu töten befugt ist
wer tötet statt seiner
ist wie der lehrling
der das beil schwingt an stelle des meisters
wer statt seiner das beil schwingt
zerhackt sich leicht die hand

75.

das volk hungert
weil die herren zuviel steuern verzehren
deshalb muß es hungern
es ist störrisch
weil die herren zuviel tun, es zu stören
darum ist es störrisch
es nimmt den tod leicht
weil die herren zu sehr hängen an ihrem leben
deshalb nimmt es den tod leicht

nur jene wissen das leben wahrlich zu schätzen
die nichts tun, es zu stören

76.

zart und schwach ist des menschen leib, wenn er eben
    geboren
starr und hart aber wird er im tode
zart und biegsam sind tiere und pflanzen, eben erstanden
steif und dürr aber sind sie im tode
so sind das starre und harte gefährten des todes
das zarte und schwache gefährten des lebens

so siegt nicht die starre und starke waffe
den starren und starken baum fällt die axt

so sinkt in die niederungen das starke und große
indes das zarte und schwache die Höhen erklimmt

77.

gleicht nicht das Dau des himmels
dem spannen des bogens?
das hohe wird herabgedrückt
das tiefe wird gehoben
vom überfluß wird abgekargt
das karge aufgewogen

das Dau des himmels nimmt vom überfluß
das karge aufzuwiegen
nicht so das Dau des menschen
es kargt vom kargen ab
den überfluß zu speisen
wer aber hat genug, mit seinem überfluß
die welt zu speisen?
doch nur der weise

so ist der weise:
tut und verlangt nichts für sich
nimmt nicht für sich, was er vollbracht
und will nicht gepriesen sein

78.

nichts in der welt ist weicher und schwächer als wasser
und doch gibt es nichts, das wie wasser
starres und hartes bezwingt
unabänderlich strömt es nach seiner art

daß schwaches über starkes siegt
starres geschmeidigem unterliegt
wer wüßte das nicht?
doch wer handelt danach!

so sagt der weise:
wer eines landes übel auf sich nimmt
ist wert, herr der altäre zu sein
wer eines landes unglück auf sich nimmt
ist wert, herr der welt zu sein

als gegenteil ist oft das wort erst wahr

79.

ist auch der ärgste groll beschwichtigt
schwelt immer noch ein rest von groll
wie ihn begütigen?

hält der weise den vertrag in händen
so preßt er damit nicht die menschen
wer De besitzt, wahrt den vertrag
wer keins besitzt, fordert fron

das Dau, das keinem nahesteht
ist immer auf der seite der gerechten

80.

klein sei das land, das volk gering an zahl
so viele werkzeuge es gibt, gebraucht sie nicht!
lehrt das volk den tod scheuen und weites wandern meiden!
gibt es auch boote und wagen
man besteige sie nicht
gibt es auch harnisch und waffen
man hole sie nicht hervor
das schreiben schafft ab
lehrt die menschen wieder quippu-knoten knüpfen
die speise sei ihnen süß
die kleidung schön
die hütten bequem
die sitten fröhlich
die nachbarstaaten liegen dicht beisammen
man hört die hühner gackern, die hunde bellen
und doch verkehrt man bis zum tode
mit seinen nachbarn nicht

81.

wahre worte sind nicht schön
schöne worte sind nicht wahr

dem guten fehlt die glatte zunge
glattzüngige sind nicht gut

wissende sind nicht gelehrt
gelehrte sind nicht wissend

der weise speichert nicht für sich
und da er andern dient
wächst sein besitz
und da er andern gibt
so mehrt er sich

das Dau des himmels:
nutzen ohne schaden

das Dau des weisen:
handeln ohne streit

ANHANG

ANMERKUNGEN

Kapitel 1:

Der Begriff des Dau, wie es der Autor verstanden oder erfühlt haben will, wird hier dem Dau der Konfuzianer und anderer Schulen als etwas Besonderes gegenübergestellt, als etwas über die gängigen Begriffsvorstellungen Hinausragendes und zugleich Tieferes. Der Kommentator des Daudedsching We Yüan (1794–1849) sagt nicht mit Unrecht, daß „die Grundidee des gesamten Werkes hier zusammengefaßt sei", nämlich insofern, als der Autor das Dau selbst als unnennbar (vgl. Kap. 14 und 25), also esoterisch und nur der mystischen Schau des Weisen zugänglich, lediglich zu umschreiben, nicht zu beschreiben sucht, indes er das sich in *der zahllosen dinge urmutter* verkörpernde Dau, seine Wirkungen und Erscheinungen als nennbar, also exoterisch, im weiteren dem menschlichen Verstand begreiflich zu machen trachtet. Die Schau in *der dinge geheimnis* erfordert als grundlegende Voraussetzung, daß der Schauende *begehrlos* sei, also eine „übermenschliche" Haltung einzunehmen habe. Eine solche Haltung, *tief, unbegreifbar tief* (Kap. 15), zeigten *die wahrhaft verständigen des altertums* (ebd.). Der Autor idealisiert hier offenbar den Typus des Priester-Häuptlings einer Zeit der *urtiefen gemeinsamkeit* (Kap. 56), den er im Geist seiner Epoche als *verständigen* (Kap. 41), den *mittelmäßigen* – den Fürsten und Politikern nebst ihrem Anhang professioneller *gelehrter* – gegenübersetzt. Diesen „Begehrlichen" ist der Eintritt durch *aller geheimnisse pforte* zum Urquell alles Seins versagt. Sie vermögen lediglich die Wirkungen und Erscheinungen des Dau zu nutzen. Aber in ihrer Hand wird das *maßvolle zu maßlosem, gutes wird zu bösem* (Kap. 58).

Der Begriff „hsüen", was sowohl „tief" wie „dunkel" heißt, wurde von Su Tsche (1039–1105) sehr realistisch erklärt: „Alles, was fern ist und sich ins Unendliche erstreckt, zeigt eine dunkle Farbe. Deshalb gebraucht Laudse ‚hsüen' als Symbol für das Unendliche." In der Übersetzung wurde „hsüen" in diesem Kapitel mit *das tiefe,* an anderen Stellen – da die chinesischen Schriftzeichen, wie schon in der Einleitung erwähnt, nicht einer bestimmten Wortklasse im Sinn unserer Grammatik zugerechnet werden können – mit *tief* als Adverb (Kap. 15) oder adjektivisch mit *tiefste* (Kap. 10, 51), *urtief* (Kap. 56), *dunkel* (Kap. 6), wiedergegeben. Solche Schwankungen in der Wiedergabe des Zeichens „hsüen" (und auch anderer Zeichen) in der Übersetzung, die dem der chinesischen Sprache nicht kundigen Leser den Eindruck der Unzuverlässigkeit oder Willkür geben mögen, sind durch die Begriffsweite und den Assoziationsradius sehr vieler chinesischer Schriftzeichen bedingt. Das trifft insbesondere für Texte zu, die noch aus einer Zeit stammen, als man „neuen Wein in alte Schläuche gießen" mußte – einer Zeit der Wandlung und Neubildung von Begriffen. Eine allzu starre Fixierung oder Einengung in der Wortwiedergabe würde dem Original sicher mehr Zwang antun als ein flexibleres Eingehen auf die Eigenart des Kontexts.

Der Han-Historiker Si-ma Tschien (145–79 v. u. Z.) hat uns in seiner Biographie Laudses eine Legende überliefert, die auch von Bertolt Brecht dichterisch verwertet wurde; nämlich, daß der Weise die von ihm gefundene Wahrheit als etwas nicht in Worten Erfaßbares mit sich in die Zurückgezogenheit nehmen wollte. „Als er zur Grenze kam, sagte der Grenzwächter Hsi zu ihm: ‚Ihr wollt Euch nun zurückziehen, Meister. Zwingt Euch doch um unseretwillen dazu, Eure Gedanken niederzuschreiben!' Daraufhin schrieb Laudse ein Buch in zwei Abschnitten, in welchem er die Bedeutung des Dau und De behandelte. Nicht viel mehr als fünftausend Schriftzeichen (das war alles, was er schrieb). Dann zog er von dannen, und niemand weiß, wo er sein Leben beschloß." Diese Legende mag in einem gewissen Zusammenhang mit dem ersten Kapitel des Daudedsching stehen, in welchem der esoterische Charakter der Lehre vom Dau betont wird. Ein „Unnennbares" wie das Dau kann man nicht lehren, und noch viel weniger kann man darüber schreiben. Ein ähnlicher Gedanke findet sich in der Katha-Upanischad der alten Inder: „Nicht durch Studium kommt man zum Atman (Einzelseele, die mit der Weltseele – Brahman – in Verbindung steht und letztlich identifiziert wird), auch nicht durch Genie und viel Bücherwissen..." (W. Durand, Geschichte der Zivilisation, Bern [o. J.], Bd. I, S. 454). Der Leser sollte im Anschluß an das erste Kapitel die

Kap. 14, 21, 25, 47 und 48 als weitere „Umschreibungen" dieses „unnennbaren" Dau vergleichen.

Kapitel 2:

Dieses Kapitel zerfällt in zwei Teile: im ersten wird der „Sündenfall" – die Widersprüchlichkeit im Bewußtsein des Menschen als Folge der Lostrennung vom Einen, dem Dau, als Differenzierung der ästhetischen Kategorien *schön* und *häßlich* bzw. der ethischen Kategorien *gut* und *böse* erklärt. Sodann folgt eine Aufzählung sich dialektisch bedingender Gegensätze in der Erscheinungswelt. In der Erkenntnis der Gegensätzlichkeit und der Unkenntnis der Einheit birgt sich die „Gefahr", von der im Kap. 32 gesprochen wird: *als man aber mit namen begann zu trennen die dinge, wurden selbstherrlich die namen.* Im zweiten Teil wird die Funktion des Weisen dargelegt. Er überwindet gewissermaßen die Gegensätze, indem er sich der Wirkungsweise des Dau angleicht, d. h., die Dinge ihrer „Natur" gemäß wirken läßt. Was hier über den Weisen ausgesagt wird, wird im Kap. 34 über das Dau ausgesagt. Das gilt nur für das *Dau des himmels; des menschen Dau* hingegen haftet an den Gegensätzen, die in der sozialen Stufung und dem Unterschied zwischen arm und reich ihren krassesten Ausdruck finden. Das makro-mikrokosmische Verhältnis zwischen dem Weisen und dem *Dau des himmels* wird im Kap. 77 noch einmal dargelegt.
Im Kap. 2 erscheint im Daudedsching zum erstenmal der dauistische Terminus „wu we", was wörtlich „Nicht-Handeln" heißt. Damit ist zweifellos nicht gemeint, daß der Weise teilnahmslos und wirkungslos den Dingen gegenübersteht, sondern nur, daß er ihrem Wesen nicht zuwiderhandelt, nicht gegen die Gesetze der Natur verstößt. Als Antithese zu „wu we" wird im Kap. 15 „yo we", was wörtlich „Handlungen haben (tun)" heißt, der Wirkungsweise des Weisen (und des Dau) als Wirkungsweise der „Herren" gegenübergesetzt. Diese tun „zuviel": sie stören das Leben. Der Weise tut nichts Überflüssiges: so fördert er das Leben. Im Kap. 19 des Buchs „Huainandse" (2. Jahrhundert v. u. Z.) lesen wir: „Manche meinen, ‚wu we' bedeute ‚einsame Stille', ‚teilnahmsloses Nicht-Tun'; dies sei die Erscheinungs-

form des Dau... Ich bin anderer Ansicht." Und im Kap. 1 desselben Werkes: „Was man mit ‚wu we' bezeichnet, heißt: den Dingen nicht zuvorkommen im Handeln..."; also sich nicht in überflüssiger Weise einmischen in den natürlichen Gang ihrer Entwicklung – dem De der Dinge, das sich vom Dau herleitet, nicht zuwiderhandeln. Auf der politischen Ebene bedeutet „wu we" soviel wie „Tatenlosigkeit", und zwar im Gegensatz zu den „Taten" der Fürsten und Herren – ihren Kriegstaten und Maßnahmen zur Knechtung des Volkes; vgl. Kap. 48.

In der sechsten Zeile von unten wurde „bu tzi" mit *ohne widerstand* übersetzt. „Bu tzi", was wörtlich „sich nicht abwenden" heißt, wurde von den Kommentatoren und Übersetzern bisher als Verhaltensweise des Weisen gegenüber den „Dingen" erklärt. Im Gesamtzusammenhang gesehen, scheint jedoch *ohne widerstand* – im Sinn von „sich nicht vom De (dem Eigenwesen) abwenden", „dem eigenen De bedingungslos folgen" – dem Ideengehalt dieses Kapitels und des Daudedsching überhaupt besser zu entsprechen. Richard Wilhelm übersetzte: „Alle Wesen treten hervor/und er (der Weise) verweigert sich ihnen nicht." Auch Lin Yutang, Arthur Waley und andere halten sich im wesentlichen an diesen Gedanken, der sich zwar philologisch aus dem Satz ergeben kann – nicht muß, dem gesamten Gedankengang aber kaum zu entsprechen scheint. Der Weise *bringt belehrung ohne worte* – eben deshalb, weil er gleichsam als lebendes Exempel der makro-mikrokosmischen Beziehungen wirkt und zugleich durch das in ihm sich vervollkommnende De (= sein Mana) eine magische Wirkung auf die „Dinge" ausstrahlt; vgl. Kap. 43 und 56.

Kapitel 3:

Die Rückführung zur *unverdorbenheit* ist in der Einleitung ausführlich besprochen. Hier werden drei Aspekte betont: Nivellierung jeglicher sozialer Differenzierung durch die Negation persönlicher Verdienste und individueller Tüchtigkeit – Eigenschaften, welche zur Verselbständigung der „Namen" führen können; Negation der menschlichen Begierde, was durch Nichtachtung dessen, was man in einer differenzierten Gesellschaft zu schätzen gelernt hat, geschehen soll; und Negation des Wissens, das – und hier schließt sich der Teufelskreis – sehr leicht zu persönlichen Verdiensten und individueller Tüchtigkeit führt; vgl. Kap. 12 und Kap. 80.

Kapitel 4:

In der Übersetzung wurden der dritte, vierte, fünfte und sechste Satz des uns überlieferten Originals ausgelassen, da es sich hier offenbar um eine Interpolation späteren Datums handelt. Diese Sätze, die im Kap. 56 noch einmal Wort für Wort wiederkehren, haben sich wahrscheinlich durch den Irrtum eines Kopisten in das Kap. 2 eingeschlichen, wo sie sinnwidrig aus dem Kontext fallen.
Der magisch-mythische Charakter der dauistischen Lehre tritt in diesem Kapitel, das in seiner Diktion ein Vorbild aus dem Stammesritual vermuten läßt, besonders stark hervor. „Di" war ursprünglich eine Bezeichnung für den mythischen Stammesahn. Das Dau wird also noch weiter zeitlich zurückgerückt als der Ursprung des Stammes, des Menschengeschlechts, ja des Weltalls. Der „neue Wein" philosophischer Abstraktionen hat die „alten Schläuche" magischer Vorstellungen auch hier zum Platzen gebracht.

Kapitel 5:

Dschuangdse schreibt im 14. Kapitel seines Werks: „Die höchste Güte kennt keine Nahestehenden." Der gleiche Gedanke findet sich im Kap. 56 des Daudedsching. Das dauistische Weltbild ist nicht anthropozentrisch: es schwankt zwischen dem älteren Lebensgefühl, in dem das Universum noch der große Stamm war, und einem Pantheismus, der das bäuerliche Leben und Sehnsucht nach der *urtiefen gemeinsamkeit* zur Grundlage hatte. Eine auf verwandtschaftliche oder andere menschliche Beziehungen beschränkte Güte würde dieser *urtiefen gemeinsamkeit* entgegenwirken – die Gruppe oder das Individuum aus der Gemeinschaft emotional herausheben, was einer sozialen Differenzierung zugute käme.

In dem eben erwähnten Kapitel des Buches „Dschuangdse" finden wir eine Passage, die recht deutlich zeigt, was mit den „Opferhunden aus Stroh" gemeint ist. „Ehe die Opferhunde aus Stroh auf den Altar gestellt werden, bewahrt man sie in Kassetten auf und umhüllt sie mit bunter Seide. Die Schamanen und Priester fasten, um ihnen das Geleit zu geben. Nachdem man sie dann aber (für das Opfer) auf den Altar gestellt hat (werden sie weggeworfen). Die Vorübergehenden treten ihnen auf Kopf und Rücken, und die Sammler von brennbarem Zeug sammeln sie auf und verfeuern sie..."

Im zweiten Abschnitt des Kap. 5 wird der in Kap. 40 abstrakt formulierte Gedanke der Entstehung des Seienden aus dem Nichtseienden durch das Symbol des Blasebalgs ausgedrückt. Verwirkt in dieses Symbol ist der Begriff des Tschi, der wie der Luftgott Schu der Ägypter, der Begriff Atman (Einzelseele: Hauch, Atem) der Inder und der ätherische Urstoff, das Pneuma des Griechen Anaximenes in den ontologischen Vorstellungen der Alten eine wesentliche Rolle spielt. Diese Entstehung ist jedoch nicht als ein einmaliger Schöpfungsakt, sondern als fortlaufender Prozeß gedacht, ein Gedanke, der im nächsten Kapitel und in den Kap. 35 und 41 weiter ausgeführt wird. Im letzten Abschnitt wird mit der Prägnanz einer sprichwörtlichen Redensart wieder auf die Sinnlosigkeit mündlicher Belehrung: des Viel-Worte-Machens, wie es die Konfuzianer und andere Schulen taten, und die Wichtigkeit der Vervollkommnung der eigenen magischen Potenzen hingewiesen; vgl. Kap. 43, 45, 47, 81.

Warum im Daudedsching ein Frontalangriff auf die „Güte" und „Tugend" im Sinn der Konfuzianer unternommen wird, haben wir bereits in der Einleitung auseinandergesetzt; vgl. auch Kap. 18, 19, 38.

Im Buch „Guandse" findet sich eine Passage, die das Fehlen von „Güte" im Universum in die ideologischen Bereiche der Legalisten hineinspielen läßt. „Himmel und Erde ändern nicht um eines Dinges willen willkürlich den Zeitenablauf; noch ändert der kluge Herrscher oder der Weise eines Menschen wegen willkürlich das Gesetz" (Kap. 38).

Kapitel 6:

der tiefe Geist des tals (wörtlich: Talgeist) wird hier dem *dunklen mutterschoß* gleichgesetzt, und beide wiederum sind als Symbole des Dau aufzufassen. „Gu" (Tal) wird in dem ältesten enzyklopädischen Werk Chinas, dem „Erya" mit dem Homonym „Getreide" (Gufeng = Ostwind = Getreidewind), und „Gu" (ein anderes Schriftzeichen: Getreide) mit „Wachstum" erklärt. Unter dem *dunklen mutterschoß* ist zweifellos der generative Aspekt des Dau (vgl. Kap. 1) zu verstehen – ein Symbol, dem die sehr konkrete Vorstellung von der Geburt des Kindes (und dann der *zahllosen dinge*) aus dem Mutterleib noch deutlich anhaftet. Aber auch *der tiefe geist des tals* (Talgeist = Getreidegeist?) könnte ursprünglich die Bezeichnung einer Wachstumsgöttin, eines mütterlichen Vegetationsgeistes (auffallend ist die Gleichsetzung dieses Symbols mit dem *dunklen mutterschoß*) gewesen sein.
Als dritter Vergleich für das Dau finden wir hier *wurzel des alls* (wörtlich: des Himmels und der Erde). Diese Wurzel wird zum Stengel, der sich hinschlängelnd weiterrankt – wie wir im „Buch der Lieder" (erste Hälfte des 1. Jahrtausends v. u. Z.; im Kapitel „Mien") lesen, wo das gleiche Binom (mienmien) im Zusammenhang mit den sich wie ein „Kürbisstengel" weiterrankenden Generationen des Dschou-Volks erscheint.

Kapitel 7:

Die Parallele zwischen Himmel und Erde einerseits und der Verhaltensweise des Weisen andererseits ist hier offenbar mehr als nur ein Gleichnis von der unpersönlichen „selbstlosen" Wirkungsweise der Natur und des Weisen als dem sichersten Weg, die eigene und die Existenz aller Dinge zu erhalten. Wir würden der Ideenwelt und Gefühlswelt dieses (und auch anderer) Kapitels kaum näherkommen, wenn wir uns nicht jenes magisch getönte Wechselverhältnis zwischen Mensch und Natur vorzustellen bemühten, das wir heute zwar noch analytisch erkennen, aber kaum mehr nachempfinden können. Wenn Dschuangdse sagt: „Ich und alle Dinge

sind eins", so meint er damit etwas anderes als bloß die Erkenntnis, daß der Mensch gemeinsam mit allem Seienden den gleichen Gesetzen unterworfen ist. Hier überschneiden sich Empirie und Magie, Philosophie und Mythos.
Auch das Paradoxon, daß Selbstvergessenheit das Selbst fördert, ja sogar dem Weisen Ewigkeit verleihen kann (und dieser Gedanke ist zweifellos impliziert), zeigt den Übergang von magisch-mythischem Empfinden zur philosophischen Spekulation. Selbstvergessenheit (eine Tugend, die in der zweiten Hälfte des 1. Jahrtausends u. Z. in der mit dauistischen Elementen durchsetzten spezifisch chinesischen – später auch japanischen – Zen-Schule des Buddhismus eine ausgeprägte Form erhielt) ist die höchste Stufe der Begierdelosigkeit, welche, wie im ersten Kapitel dargelegt, die Grundbedingung für die „Schau ins Geheime" ist. Erst nachdem der Weise die hindernden Hüllen des Selbst, der Begehrlichkeit, der ihn von den Dingen trennenden „Namen" abgestreift hat, kann er zurückschlüpfen durch den *dunklen mutterschoß*, durch *aller geheimnisse pforte* in das Dau (in ähnlicher Weise wie der Zen-Buddhist durch die selbstentäußernde Wirkung der Meditation in die nichtdifferenzierte Sphäre des Nirvana zurückschlüpft). Er reversiert subjektiv in sich den Prozeß der Entstehung und fließt somit wieder ein in den Urgrund alles Entstandenen und Entstehenden. So wird das dialektische Verhältnis von Selbstsucht und Selbstvergessenheit aufgelöst im Prozeß des Werdens, der an sich ewig ist.

Kapitel 8:

Die sieben Maximen der praktischen Lebensweisheit vom *hausbau* bis *zum handeln* werden als nur von relativem und begrenztem Nutzen der absoluten und universalen Nützlichkeit des Dau gegenübergestellt. Das Dau wiederum wird mit dem Wasser verglichen – ein Vergleich, der sich augenscheinlich nicht nur auf die allgemein bekannten Eigenschaften des Wassers gründet, sondern auch auf die für die Wirtschaft Chinas (aber auch anderer Länder) spezifische Bedeutsamkeit des Wassers für ausgedehnte Bewässerungsanlagen, die sich, dem natürlichen Lauf der Flüsse folgend,

über die Territorien einer Vielzahl „streitender Fürstentümer" erstreckten. Das Wasser selbst *streitet mit keinem:* es ist allgemeinnützlich. Und so steht es, wenngleich es auch das *niedrige, das alle verachten, füllt . . .,* doch hoch über jenen, die durch Zwist gespalten, nur mehr an ihren eigenen Nutzen, nicht an den allgemeinen Nutzen denken. In ähnlicher Weise löst sich im Dau die Dialektik relativer Werte in der scheinbaren Wertlosigkeit des Absoluten auf.
Das Wassersymbol ist für die dauistische Literatur typisch. Vgl. Daudedsching, Kap. 61, 66, 78. Ebenso ist der Begriff der Streitlosigkeit einer der Leitgedanken der dauistischen Lehre: im Daudedsching bildet er gewissermaßen den Ausklang, den Schlußakkord (vgl. Kap. 81).

Kapitel 9:

Das Original trägt den Charakter eines in sich geschlossenen Sinngedichts, das aus neun viersilbigen Zeilen und einer dreisilbigen (Schluß-)Zeile besteht. Die Feststellung in Anm. 2, daß „wu we" (Nicht-Handeln) eine (allgemeinnützliche) Tätigkeit keineswegs ausschließt, wird in diesem Kapitel indirekt bestätigt. Verdienste werden als nützlich anerkannt – allerdings unter der Bedingung, daß keine Anerkennung dafür gefordert wird. Jede Tätigkeit aber, die selbstsüchtigen Zwecken dient, macht sich selbst zunichte.

Kapitel 10:

Die ersten sechs Strophen sind im Original in der Form von rhetorischen Fragen gehalten, die eine unbedingt bejahende Antwort erfordern.
Vielleicht waren diese sechs Strophen eine Art dauistischer Katechismus, der dem Schüler oder Novizen ein paar wichtige Anhaltspunkte für seine Lebensführung geben sollte. Eine Literatur – oder zumindest Überlieferung – dieses Typs gab es im Staat Tschu, wie sich auch aus den vielumstrittenen „Himmelsfragen" des Tschu-Dichters Tschü Yüan (um 300 v. u. Z.) ersehen läßt. Ihre Urform war vermutlich das Initiationsritual.
In der ersten Strophe wird betont, daß die Abkehr von der

üblichen Form des Tätigseins und die Wiederzuwendung zu dem Einen die einzige Möglichkeit ist, die *seele* – das eigene Wesen, in seiner ungeteilten Ganzheit zu erhalten. Diese Grundhaltung schließt Tätigkeit im Sinn eines überflüssigen Tuns aus, und mit diesem Gedanken endet auch die sechste und letzte Strophe des ersten Abschnitts des Kapitels. Das eigene Wesen kann nur erhalten werden, wenn es wieder zu einem organischen Bestandteil der *urtiefen gemeinsamkeit* auf der sozialen Ebene und des Dau auf der spirituellen Ebene wird. Der Weg, der zu diesem Ziele führt, wird in den nächsten fünf Strophen aphoristisch skizziert.

Wenn die blinde Geschäftigkeit abgetan ist, fällt damit auch der Drang, die eigenen Interessen den Interessen anderer Eigenwesen entgegenzusetzen. Welchen Interessen dienten denn Krieg und Steuern, wenn nicht jenen „Eigenwesen", die sich auf Grund ihrer einmal errungenen Machtposition höher dünkten als der Rest der Menschen! Im 12. Kap. seines Werks läßt Dschuangdse Ruo, den Gott des Nordmeers, zum Gott des Gelben Flusses sagen, der sich ob der Breite seiner herbstlichen Fluten für unübertrefflich hielt: „Vom Standpunkt des Dau aus betrachtet, gibt es keine edlen und gemeinen unter den Dingen. Vom Standpunkt der Dinge selbst aus betrachtet, dünkt sich jedes selbst edel und hält die anderen für gemein..." Das Geschäftigsein dient eben der Aufrechterhaltung oder Förderung dieser durch Selbstüberschätzung hervorgerufenen Unterschiede. Sind sie aber aufgelöst, fällt damit auch das Geschäftigsein, und die Möglichkeit, sich dem Einen wieder zuzuwenden, ist gegeben.

Das Geschäftigsein ist gleichsam ein Charakteristikum des Erwachsenseins. Die zielgerichtete, sich selbst nützende, aber anderen schadende Handlung läßt den Menschen auf der einmal gewählten Bahn erstarren. Er verliert den naiven, nicht zielgerichteten Sinn des Kindes, das weder gut noch böse sein kann, da ihm noch niemand Wertmaßstäbe aufgezwungen hat – ein Gedanke, den wir übrigens auch in den Upanischaden finden: „Der Brahmane soll auf das Lernen verzichten und wie ein Kind werden" (Durand, Gesch. der Zivilisation, Bd. I, S. 454). Daher empfiehlt der Weise, jenes nicht differenzierende Stadium der Kinderseele wiederzuerlangen – den in der Geschäftigkeit eines differenzierenden Lebens gestärkten und verhärteten Geist zur Plastizität des

kindlichen Geists, der sich noch organisch in sein Universum fügen kann, herabzu„schwächen". Das soll durch Konzentration geschehen: das Tschi (Pneuma: Lebenshauch, Lebenskraft), so leicht verausgabt im *geschäftigsein*, muß aufgesammelt, im Eigenwesen gespeichert werden. Dadurch erlangt der derart *gebrechliche* die freie kindliche Entfaltungskraft wieder, die Potentialität, sich mit allem zu identifizieren und dem Einen wieder nahezukommen (vgl. mittlere Passagen des Kap. 41). Diese scheinbare „Schwächung" verleiht ihm also eine Kraft, die – und hier fühlen wir deutlich ältere animistische Vorstellungen heraus (vgl. Kap. 55) – eine universale Wirkung ausüben kann, da sie durch eine Identifizierung mit dem Universum erworben wurde. Sind nun alle jene später angelegten Hüllen und Schichten abgestreift, die Differenzierungen abgefallen, so ist der Mensch wieder begierdelos geworden und kann somit die Dinge in ihrer Urgestalt erkennen: *schaubau wird der dinge geheimnis* (vgl. Kap. 1).
Begierdelosigkeit erfordert nicht mehr differenzierendes Wissen, sondern nur intuitive Einsicht in das Wesen der Dinge. Wer diese Stadien durchlaufen hat, vermag also ohne „Wissen" zu herrschen. Seine Liebe gilt nicht mehr dem Einzelwesen, sondern der Gesamtheit.
In den bereits erwähnten „Himmelsfragen" Tschü Yüans findet sich der Satz: „Warum schließt es sich – und es wird dunkel? öffnet sich – und es wird hell?" In der fünften Strophe dieses Kapitels werden die gleichen Schriftzeichen für „öffnen" und „schließen" verwendet. In beiden Fällen „schließt" und „öffnet" sich die „Himmelspforte". Tschü Yüan scheint diese „Himmelspforte" nur als Quelle des Hellen und Dunklen, der Yin- und Yang-Kräfte in ihrem Wechselspiel von Tag und Nacht aufzufassen. In dem Orakelbuch „I-dsching" („Buch der Wandlungen", Kapitel „Hsici" I, 11) finden wir eine Passage, die als Kommentar zu dem Zitat aus den „Himmelsfragen" dienen mag. „Das Schließen des Tores schreibt man Kun (Yin, Erde, das weibliche Prinzip) zu; das Öffnen des Tores schreibt man Tschien (Yang, Himmel, das männliche Prinzip) zu." Das Yang wird hier offensichtlich als das wichtigere, eigentlich schöpferische Element angesehen. Sowohl in den „Himmelsfragen" wie auch im „Buch der Wandlungen" steht „Schließen" vor „Öffnen".

Im Daudedsching ist die Zeichenfolge umgekehrt. Die frühen Dauisten gebrauchten beharrlich „Mutterschoß" als Symbol für die generativen Kräfte des Universums. Im „Buch der Wandlungen" hingegen wird die schöpferische Kraft dem Yang zugesprochen. In dem bereits zitierten Abschnitt („Hsici I") heißt es eingangs: „Der Himmel (Yang) ist edel, die Erde (Yin) ist unedel." In dem nur in Fragmenten erhalten gebliebenen Orakelbuch „Guetsang", das sich vermutlich auf sehr altes Material stützte, erscheint selbst die „Mutter der Sonnen" als ein Wesen weiblichen Geschlechts. Es wäre nicht ausgeschlossen, daß sich in der Verschiebung des Akzents von dem weiblichen (mütterlichen) Prinzip (Yin) zum männlichen (väterlichen) Prinzip (Yang) der Sieg der patriarchalischen Ordnung über die matriarchalische in „kosmischer Projektion" widerspiegelt. Die frühen Dauisten jedenfalls hatten eine ausgesprochene Schwäche für das „schwache" Geschlecht. Im Daudedsching ist in „Himmelspforte" also auch das uns bereits bekannte Symbol des „Mutterschoßes" mit einbegriffen. Darüber gibt uns eine Passage im Buch „Dschuangdse" Auskunft: „Ein Ein- und Ausgehen, das ohne sichtbare Gestalt erfolgt, das sei genannt ‚Himmelspforte'. Die ‚Himmelspforte' ist das Nichtseiende" (Kap. 12). Hier wirkt die „Urmutter", das „Ewig-Weibliche", das in sich die Potentialität der Gestaltwerdung im Seienden birgt. Dem Erstarrenden oder Erstarrten gegenüber verhält sich die „Himmelspforte" oder der „Mutterschoß" wie ein nie versiegender Quell. „Alles Vergängliche / ist nur ein Gleichnis" für die unvergängliche mütterliche Schöpferkraft des Dau. Aus dieser Quelle sprudelt das von den Dauisten so oft als Symbol gebrauchte Wasser hervor, von dem es im Kap. 78 des Daudedsching heißt: *nichts in der welt ist weicher und schwächer als wasser; und doch gibt es nichts, das wie wasser starres und hartes bezwingt; unabänderlich strömt es nach seiner art.*

Und im Kap. 28 heißt es: *das männliche wissen, das weibliche wahren, so wird man zum strom der welt.*

Der Weise, der sich in seiner Verhaltensweise dem Dau angleicht, um in seinem Sinn wirken zu können, muß also – im Gegensatz zu den Konfuzianern – das Weibliche, Schwache, Geschmeidige in seinem Wesen vervollkommnen. Das ist ein ausgesprochener Affront gegen die patriarchalische Gesellschaftsordnung des alten China. Spiegeln sich hier in der Sphäre mystisch-philosophischer Spekulationen Auseinandersetzungen zwischen noch latenten matriarchalischen Vorstellungen und dem erstarrenden System rein patriarchalisch gefärbter Riten wider? Das steht uns frei zu vermuten, beweisen läßt es sich nicht.

Während die ersten drei Strophen den Weg der Selbstvervollkommnung des Weisen aufzeigen und die vierte die Anwendung der dadurch erworbenen Kräfte im politisch-sozialen Leben betont, deutet die fünfte Strophe an, daß der Adept nunmehr in einer dem Dau ähnlichen Weise über die Menschenwelt hinaus auf die gesamte Natur einzuwirken vermag. In der sechsten Strophe schließt sich der Kreis: der Weise, der sein Eigenwesen von allen Verbildungen befreit hat und nunmehr in naiver Ursprünglichkeit zum Nutzen der Menschen und der Natur tätig ist – nicht geschäftig ist –, strahlt rings um sich sein *tiefstes De* aus, dessen Wirksamkeit in den fünf Schlußzeilen des Kapitels (vgl. Kap. 2) noch einmal hervorgehoben wird. Was über den Weisen in den letzten fünf Zeilen dieses Kapitels gesagt wird, wird über das Dau und De im Kap. 51 in der gleichen sprachlichen Formulierung gesagt. Diese Gleichsetzung des Weisen mit dem Dau bzw. De gründet sich eben auf jene makro-mikrokosmischen Wechselbeziehungen, die wir schon in der Einleitung besprochen haben (vgl. auch Anm. zu Kap. 2).

Der Begriff „Hsüen De" wird im 12. Kap. des Buches „Dschuangdse" an das Ende einer Passage gestellt, welche die Entstehung des Seienden und dessen Rückführung in eben jenes *tiefste De* behandelt. „Im Uranfang war ein Nichts. Es war ein Nichts und namenlos. Das, woraus das Eine entsprang, war ein Einheitliches, noch nicht gestaltet. Das, wodurch die Dinge ihre Existenz erhalten, nennt man De. Noch nicht gestaltet, aber geteilt, wenngleich es auch noch keine Trennung zeigt: das nennt man ‚Ming' (Bestimmung, Schicksal). Durch das Wechselspiel von Ruhe und Bewegung entstehen die Dinge. Wenn die Dinge entstanden sind, erwachsen Eigenschaften. Das nennt man Gestalthaftes. Gestaltete Körper enthalten ‚Schen' (geistige Kraft) und besitzen Eigenart und Eigengesetzlichkeit. Das nennt man ihre Natur. Ihre Natur kann durch Vervollkommnung zu ihrem De zurückkehren. Dann erreicht ihr De Gemeinsamkeit mit

dem Ursprung. Diese Gemeinsamkeit gleicht dem Leeren –
dem Leeren, das unermeßlich ist. So erreicht man Einklang
mit dem Gezwitscher der Vögel (eine Lebensäußerung, die
ihrer selbst willen wirkt und frei von Werturteilen ist). Hat
man aber Einklang mit dem Gezwitscher der Vögel erreicht,
so befindet man sich in Harmonie mit Himmel und Erde.
Diese Harmonie umfaßt alles. Wie ein Tor, wie ein Geistes-
abwesender (vgl. Kap. 20) erscheint man dann. Das nennt
man ‚Hsüen De‘, das dem ‚harmonischen Gelingen‘ (vgl.
Kap. 65; *großes wohlgelingen* – wörtlich: großes Entsprechen) gleichkommt."

Wenn wir nun die Kap. 20, 42, 52 und den dritten Abschnitt
des Kap. 65 im Anschluß an diesen „Katechismus" der
Dauisten und unseren Kommentar lesen, so wird uns verständlich, wenn auch nicht nacherlebbar werden, was sich der
Autor auszusagen bemüht. Das gilt im Grunde genommen
auch für alle anderen Kapitel, in welchen die Selbstvervollkommnung des Weisen und seine Wirkungsweise bzw. die
des Dau und De behandelt werden. Darum auch die Aus-
führlichkeit der Anmerkungen zu diesem Kapitel.

Kapitel 11:

Prof. Joseph Needham zitiert in seinem Monumentalwerk
„Science and Civilisation in China" (Cambridge 1956, Bd. II,
S. 110, 111) eine originelle Interpretation des chinesischen
Gelehrten Hou Wai-lu, in welcher „wu" (Nichts, Leerraum,
Hohlraum, Nicht-Räumliches) in diesem Kapitel mit „kein
Privateigentum" wiedergegeben wird. Die erste Strophe
würde damit in Hou Wai-lus Übersetzung folgendermaßen
lauten:

> „Dreißig Speichen vereinigen sich zu einem Rad;
> als es kein Privateigentum gab, wurden Wagen
> für den Gebrauch angefertigt."

Und die letzte Strophe:

> „So führt das Vorhandensein von Privateigentum
> zum Vorteil (für die Feudalherren),
> sein Nichtvorhandensein aber führt zum Gebrauch
> (für das Volk)."

Prof. Needham schließt sich zögernd dieser Auslegung an, und zwar mit der Begründung, daß Hou Wai-lus Version „mehr in Übereinstimmung mit der allgemeinen politischen Stellungnahme der alten Dauisten ist". Es ist sicher richtig, daß die „allgemeine politische Stellungnahme der alten Dauisten" gegen das Privateigentum gerichtet war, und doch scheint die Überbetonung eines politischen und ökonomischen Ideengehalts in diesem Kapitel kaum gerechtfertigt zu sein. Wenn auch das Daudedsching offensichtlich der Verkündung eines politischen Programms diente, so versuchte sein Autor doch dieses Programm aus der Gesamtheit eines in sich geschlossenen Weltbilds zu erklären, in welchem dem Nichtseienden ein realer Wert zugesprochen wird (vgl. Einleitung S. 22 ff.). Im Gegensatz zu der Alltagssicht des Menschen, die nur Konkretes, Sichtbares, „Raumfüllendes" – vor allem von ihm selbst geschaffenes „Raumfüllendes" wie Wagen, Topf, Haus usw. – als brauchbar anerkennt, zeigt der Autor hier, daß diese allgemein als brauchbar anerkannten Dinge ohne das „Nicht-Räumliche" nicht nur nicht brauchbar, sondern schlechthin unmöglich wären. Damit untermauert er an Hand von einleuchtenden Beispielen seine Konzeption vom funktionellen Wert des Nichtseienden, das in der rückkehrenden Bewegung des Dau als „Nicht-Mehr-Sein" und im generativen Aspekt des Dau als „Noch-Nicht-Sein" dem Prozeß des Entstehens und Werdens folgt und ihm zugleich vorausgeht, also nicht aus ihm wegzudenken ist. Solche Gedanken einzig und allein auf politische Motive zurückzuführen, würde das Daudedsching aus seiner Welt heraus- und allzusehr in unsere Welt hineinheben, in der an wissenschaftlichen Erkenntnissen erhärtete Begriffe den Bedeutungskreis viel enger ziehen.

Das im Kap. 11 statisch dargestellte „wu" erhält im Kap. 40 eine tiefere Deutung als das im Prozeß des Werdens dynamisch wirksame Dau.

Philosophen, die sich am Seienden, am Bestehenden festklammern, sind mehr oder minder dazu gezwungen, das Nichtseiende, den Raum, der dem Werdenden, dem Sich-Entwickelnden Entfaltungsmöglichkeiten bietet, zu leugnen. So zum Beispiel Parmenides: „Nur das Seiende ist, das Nichtseiende ist nicht und kann nicht gedacht werden." Bewegung und Werden sind damit überhaupt dem Seienden, das nunmehr statisch erscheint, entzogen. Unzufriedenheit mit dem Seienden, dem Bestehenden, ob nun rückblickend oder vorwärtsschauend, zwingt hingegen zur Anerkennung des Werdens, der Bewegung und damit auch zur Anerkennung des Raums, des Leeren (Leukipp, Demokrit usw.) als Daseinsform der Materie, als Schauplatz ihrer Entfaltungsmöglichkeiten in dieser oder jener Richtung. In diesem Sinn könnte man den Ideengehalt des Kap. 11 als politisch betrachten. Das Dau in seinem generativen Aspekt und zugleich in seinem funktionellen Wert als Nichtseiendes ist, wenn auch unter anderem Namen, in der Literatur vieler Völker zu finden. Vergleichen wir zum Beispiel die letzten drei Zeilen von Goethes „Eins und Alles":

„Das Ewige regt sich fort in allen:
Denn alles muß zu Nichts zerfallen,
Wenn es im Sein beharren will."

mit den ersten drei Zeilen des Gedichts „Vermächtnis", das er als Achtzigjähriger schrieb:

„Kein Wesen kann zu Nichts zerfallen!
Das Ew'ge regt sich fort in allen,
Am Sein erhalte dich beglückt!"

Auch hier durchdringt ein „Ewiges" sowohl das „Nichts" wie auch das „Sein".

Kapitel 12:

Hier wird in einprägsamen Bildern die Verwöhnung der Sinne als Gewöhnung an Überflüssiges, ja Schädliches dargelegt; die Entwöhnung der Sinnlichkeit, die Entsinnlichung des Menschen bis zu jenem Minimum, das für seine Erhaltung notwendig, also nicht überflüssig ist, bietet hingegen Gewähr, jene Begierdelosigkeit zu erlangen, die ein ungefährdetes Leben und die Einfühlung in das Dau erst möglich machen (vgl. Kap. 1, 3, 81).

Kapitel 13:

Gnade und Ungnade sind als Ausdruck menschlicher Beziehungen typisch für eine in Klassen differenzierte Gesellschaft, die das Selbst, nicht die Allgemeinheit in den Vordergrund stellt. Im Selbst liegt der Grund aller Übel. Der Weise *wahrt nicht sein selbst, und es bleibt ihm bewahrt* (Kap. 7). Die „Unverdorbenheit", von der im Kap. 37 usw. gesprochen wird, erfordert eben die Befreiung vom Selbst.

Kapitel 14:

Das Dau wird hier in einer Reihe negativer Bestimmungen als den Sinneswahrnehmungen nicht zugänglich dargestellt (vgl. Einleitung S. 21 ff.). Dabei ist *unten* als synonym mit Erde, *oben* mit Himmel, *ohne licht* mit dem Yin-Prinzip und *ohne dunkelheit* als synonym mit dem Yang-Prinzip aufzufassen. Das Dau ist insofern *eines*, als es in allem Seienden, in allen Erscheinungen als *gestaltlose gestalt* wirksam ist und nach dem zyklischen Erlöschen der Erscheinungen *zurück in das nichtdingliche* strömend im Nichtseienden als latente Schöpfungskraft weiter fortwirkt. Die in Kap. 2 angeführten Paare von Gegensätzen, die sich gegenseitig bestimmen, gelten nicht für das Dau, wenngleich es auch in diesen Gegensätzen wirksam ist. Das Dau an sich kennt kein „Vorher" und „Nachher", da es ewig und unendlich ist. Demnach muß ein dem Dau gemäßes Verhalten Gültigkeit sowohl für die Vergangenheit wie auch die Gegenwart und Zukunft haben. So kann der Weise mit dem *Dau der alten* auch *leiten das neue*.

Kapitel 15:

Was das Kap. 14 vom Dau selber sagt, wird nunmehr in bildhafter Form mit dem Weisen in Verbindung gebracht. Der Weise trägt hier die Züge eines geheimnisumwitterten Schamanen und zugleich des klassischen Typs des chinesischen Philosophen – vorsichtig, umsichtig, nicht auf Äußeres bedacht und weitherzig. Aber wie das Dau so waren auch die *wahrhaft verständigen des altertums ... unbegreifbar tief*. Wie gesagt, kennt das Dau kein „Vorher" und kein „Nachher". Jede Neugestaltung der Lebensformen ist somit auf ein vom Dau abweichendes Verhalten zurückzuführen – auf menschliches Unvermögen, seinen Ureigenheiten gemäß zu leben. Die *wahrhaft verständigen des altertums* konnten *trübes klären durch ruhe* (die Ataraxie des Stammpriesters – vgl. Einleitung S. 14 f. – und in der späteren Entwicklung die Apathie bzw. Ataraxie des stoischen und epikureischen Weisen oder des Zen-Mönchs). Ihr Wirken dient nicht der *überfülle*: denn jede über das dem Dau entsprechende Maß hinausgehende Tätigkeit schafft Überfülle, die wiederum zur Versinnlichung und somit zur Begehrlichkeit führt. So mühen sich die Weisen nur um die ungestörte Erhaltung, nicht um die störende Neuschaffung – und daß in diesem Abscheu vor dem „Neuen" ein politischer Ton mitschwingt, zeigen die Kap. 17 und 18 recht deutlich.

Kapitel 16:

Halten wir uns bei der Lektüre dieses Kapitels noch einmal die auf Seite 14 zitierten Worte des Zuñi-Priesters vor Augen:

> Und selbst jedes Käferlein,
> jedes schmutzige Käferlein,
> fest laß sie mich alle halten,
> keines meinem Griff entfallen.
> Mögen meiner Kinder Wege
> allesamt Erfüllung finden ...

Der Geist des Priesters erweitert sich subjektiv, *die fülle der ruhe bewahrend* – also in einem Zustand der Ataraxie – zum Großen Stamm: er wird kommensurabel mit dem ihm bekannten und erfaßbaren Universum. Novalis sagte sehr zutreffend: „Magie ist = Kunst, die Sinnenwelt willkürlich zu gebrauchen"; und ferner: „Denken ist Sprechen. Sprechen und Tun oder Machen sind nur eine modifizierte Operation." Diese magisch operative Kraft der alten Stammespriester hat sich deutlich auch in der Wirkungsweise des dauistischen Weisen erhalten. In dem nunmehr ins Spekulativ-Meditative übergreifenden Zustand der Ataraxie des Weisen wird in die magische Innenschau, die subjektiv den Zugang zur außerpersönlichen Welt, ja sogar zur Geisterwelt des Jenseits und der Abgeschiedenen (typisch für den Schamanen) eröffnet, eine „Zusammenschau" angehäufter Sinneswahrnehmungen verwoben. So überschneiden sich häufig bei frühen Philosophen (und romantischen Poeten) wissenschaftliche Erkenntnisse, die sich in der „Zusammenschau" der spekulativ-meditativen Betrachtung aus vorhergehenden Beobachtungen intuitiv-assoziativ ergeben, und ein magisch-mystisches Lebensgefühl, das, gleichsam durch „Innenschau" aus einem tiefen psychischen Untergrund (Mana) hervorgeholt, in Wirklichkeit auf älteren primitiveren Wunschvorstellungen beruht.

Der Prozeß des Werdens und Vergehens in der Natur und im gesellschaftlichen Leben wird nunmehr als das einzig Dauerhafte, als ewige Gesetzmäßigkeit bildlich mit „Zur-Wurzel-Zurückkehren" bezeichnet. In der Erscheinungswelt ist nur diese „Rückkehr" dauerhaft. Sie ist das Los alles Seienden. Aber dieses Los erscheint nur dem am Sinnlich-Konkreten Haftenden als Vergehen. Für den dauistischen Weisen bedeutet das Vergehen keine Auflösung im Nichts, sondern eine Rückkehr in das Nichtseiende, über das wir schon mehrmals gesprochen haben. Die *stille*, die für das Nichtseiende (Nicht-Mehr- und Noch-Nicht-Seiende) charakteristisch ist, läßt sich wahrscheinlich nur so erklären, daß der Weise hier den schauenden und schöpferischen Zustand der Ataraxie, einen subjektiven Zustand, verabsolutiert – ihn objektiviert. An diesem Punkt hat sich die *rückkehr* des vergehenden Wesens in das *ewigdauern* vollzogen, das als Dau unsichtbar und doch überall tätig ist.

Im letzten Abschnitt des Kapitels wird diese stark magisch-mystisch gefärbte Erkenntnis einem praktischen Zweck erschlossen. Nur wer gleichsam alles Seiende sub specie aeternitatis, unterm Blickwinkel der Ewigkeit, sehen kann, besitzt jene Geisteshaltung, die den Zuñi-Priester sagen läßt: „Mögen meiner Kinder Wege / allesamt Erfüllung finden." Nur er vermag so zu wirken, daß er weder sich noch andere, noch das Universum in Gefahr bringt, da er alles im Sinn des Dau nach seinem eigenen individuellen De sich entwickeln läßt. Als Resultat einer solchen Haltung erhofft sich der

Weise: *und alle dinge werden gedeihen.* Daß der Zuñi-Priester ähnliche Worte findet, ist zweifellos kein Zufall, sondern ein unverkennbares Zeichen dafür, daß eine chinazentristische Auslegung des Daudedsching weitaus beschränkter ausfallen muß, als wenn wir den Versuch unternehmen, auch hier das große geistige Band zu erkennen, das die gesamte Menschheit auf jeder ihrer Entwicklungsstufen umschlingt.

Kapitel 17:

Auch dieses Kapitel deutete Hou Wai-lu (wie Kap. 11) als direkten Protest gegen das „Privateigentum". Das Wort „hsia" (das Volk – wörtlich: die Unteren) ersetzt er durch „bu" (nicht) – ungerechtfertigterweise, denn die Daudedsching-Ausgabe, auf welche sich diese Korrektur stützt, ist sehr späten Datums, sie stammt aus dem 15. Jahrhundert u. Z. Nach seiner Interpretation müßte die Übersetzung also folgendermaßen lauten: Im Altertum wußte man nichts von Privateigentum ... Dieser Gedanke ist zwar hier impliziert, da die Herrscher zuerst noch par inter pares waren, was nur im urgesellschaftlichen Zustand des Gemeinbesitzes möglich ist; aber direkt wird hier von etwas anderem gesprochen – von der mählichen Herauslösung des Herrschers aus der Gemeinschaft, vom sich verschärfenden Antagonismus zwischen Fürst und Volk als Folge der Usurpation der Macht durch einzelne oder Gruppen. Ebenso wie im Kap. 15 wird auch hier das „Alte" als erstrebenswert dargestellt, die Reinstituierung des Weisen (vgl. Kap. 15 und 16) gefordert – eines Menschen, der, weil er *alles umfaßt, allen gehört*, im Stillen wirkt, ohne Vorrechte und willkürliche Verfügungsgewalt für sich zu beanspruchen.

Kapitel 18:

Während das vorhergehende Kapitel den Niedergang des „Goldenen Zeitalters", der aurea prima aetas des Vergil, auf der politischen Ebene als Herausbildung und Verselbständigung der Staatsmacht schildert, werden in diesem Kapitel die ethischen Begleiterscheinungen und ihre unvermeidlichen Konsequenzen im sozialen und politischen Leben pointiert herausgearbeitet. Mit dem *großen Dau* ging der Gemeinsinn verloren: und mit diesem Verlust gewann die Menschheit die Fähigkeit der Differenzierung, die die Gruppe, die Familie der Allgemeinheit, den einzelnen der Sippe, der Familie, dem Staat usw. widerspruchsvoll, ja feindlich gegenübersetzte. Als Kommentar zu diesem Kapitel mag ein Abschnitt aus dem Kap. 12 des Buchs „Dschuangdse" dienen: „Zur Zeit des Höchsten De... waren die Höheren (Stammesführer) wie Äste und Zweige (die aus dem Stamm hervorwachsen, ohne sich bewußt über ihn erheben zu wollen), und das Volk war wie äsendes Wild in natürlicher Freiheit. Aufrechten Herzens waren die Menschen, ohne etwas von Tugend zu wissen; liebten einander, ohne Güte zu kennen; wußten nichts von Treue und besaßen doch gediegenen Charakter; handelten ehrlich, ohne daß sie Vertrauen gekannt hätten..."

Kapitel 19:

Wurde im vorhergehenden Kapitel gezeigt, zu welchen Folgen der Verlust des *großen Dau* – des Gemeinsinns und der Verbundenheit mit dem Großen Stamm – führte, so zeigt dieses Kapitel, welcher Verbildungen (vgl. Kap. 20), welcher angelegten Hüllen sich der Mensch zu entledigen hat, um *zum schlichten und echten* – zur *ursprünglichkeit*, zu einem Leben im Sinne des *großen Dau* – zurückkehren zu können (vgl. Kap. 20, 22, 23, 28, 37, 38, 39, 80).

Kapitel 20:

Hier wird das Leben in der Welt der Heuchelei, in der die Menschen in ihrer Sucht nach Überflüssigem sich sinnlos verausgaben, der gleichsam kindlichen Welt des Weisen gegenübergestellt. Er kennt nicht den Drang nach Besitz, er trägt nicht das wissende Lächeln jener, die sich weiser, reicher, größer dünken als ihre Mitmenschen, ohne zu wissen, daß sie sich vom Dau immer weiter entfernen. Der Weise ist insofern *ziellos*, als jede Zielgerichtetheit dem De, dem Eigenleben, Eigenwesen der Dinge ein ihnen fremdes De entgegensetzen würde, also zu ihrer Verbildung beitragen müßte.

Kapitel 21:

Das *große De* (das noch unverbildete De) ist gleichsam als Emanation (Ausfluß) des Dau aufzufassen. In seinem noch ursprünglichen Zustand steht es mit dem Dau in engster Verbindung: als manifestiertes Dau *folgt es immer dem Dau*. Das Dau selbst ist gestaltlos, unsichtbar, ein *nebelhaftes, schattenhaftes*. Aber *es ruht gestaltbares darin*, gleich der Wachstumskraft im Samen, die immer die gleiche Pflanze hervorbringt, aus ihm *verläßlich* immer wieder das gleiche Wesen hervorgehen lassend. Die aus dem Dau beständig sich manifestierenden Gattungen – ihr De, sind *nennbar* als jene *zahllosen* Dinge, die der *urmutter* entsprangen (vgl. Kap. 1 und 52). Mit *durch es* ist zweifellos „durch das Dau" gemeint. So heißt es auch im Kap. 52: *wer die urmutter erschaut hat, erkennt durch sie ihre kinder. Schaubar wird der dinge geheimnis* (Kap. 1) dem, der nicht hinblickt *und kann doch der dinge namen nennen* (Kap. 47). Hier hat der Begriff „Namen" seinen magischen Gehalt voll beibehalten. Um das Menschengeschlecht zur Gleichheit zurückführen zu können, müssen die sich verselbständigen, *selbstherrlich* gewordenen Namen „gebannt" werden (Kap. 32), d. h., jede bewußte Differenzierung, die das Einzelwesen oder eine Anzahl von Einzelwesen über die Gattung erhebt oder überhaupt aus dem Großen Stamm herauslöst, muß beseitigt werden. Der Begriff „Namen" hat aber noch eine zweite Bedeutung: als magischer Name ist er quasi identisch mit dem De der Erscheinungen. Er bildet die Grundlage der magischen Beschwörung. Die Kenntnis des Namens verleiht Macht über seinen Träger. Im zweiten Teil von Novalis' „Ofterdingen" finden wir im „Lied der Astralis" seltsam anmutende Parallelen zu dieser von Magie und Mystik bestimmten Philosophie der Dauisten:

> Wenn nicht mehr Zahlen und Figuren
> Sind Schlüssel aller Kreaturen,
> Wenn die, so singen oder küssen,

Mehr als die Tiefgelehrten wissen,
Wenn sich die Welt ins freie Leben
Und in die Welt wird zurückbegeben,
Wenn dann sich wieder Licht und Schatten
Zu echter Klarheit wieder gatten
Und man in Märchen und Gedichten
Erkennt die wahren Weltgeschichten,
Dann fliegt vor einem geheimen Wort
Das ganze verkehrte Wesen fort.

Kapitel 22:

Die frühen Dauisten, die sich in kompromißloser Opposition zur bestehenden Ordnung ihrer Zeit befanden, ihr soziales Programm der „Rückkehr" jedoch nicht durch revolutionäres Eingreifen in das Zeitgeschehen, sondern durch *belehrung ohne worte*, durch das persönliche Beispiel und die magische Kraft des Weisen durchzusetzen gedachten, verherrlichten oft in paradoxen Gegenüberstellungen gemeinhin als „niedrig" verachtete Dinge oder deren Eigenschaften. Die Rhapsoden des „Niedrigen" verwarfen oder verhöhnten damit das „Hohe", zu dessen Rückwandlung in eine Welt, in der *keiner edel* und *keiner gemein* (Kap. 56) sein konnte, sie ja beitragen wollten. Aber im „Niedrigen", zu dem auch das „Wasser" zählt, besangen sie zugleich das, was sich *herabsetzt*, daß es *aufgenommen werde* (vgl. Kap. 61), das scheinbar Schwache und doch Zukunftsträchtige. Der rückgerichtete Zukunftstraum der frühen Dauisten verlangte zunächst, daß das noch verhältnismäßig Unverdorbene – die Menschen „niedrigen" Stands – erhalten bleibe, um als Basis ihres erträumten Rückwandlungsprozesses zu dienen. Der Weise, der selbst als leuchtendes Beispiel der Unverdorbenheit sich ans *eine*, an das Dau hält, soll in einer Welt der Selbstzerstörung durch Selbsterhaltung zum *vorbild für alle* werden. Die Methode, die er zur Durchsetzung des dauistischen Ideals anwendet, ist scheinbar passiver Natur: *mit keinem streitet* er. Daß er dennoch *unbestritten sieger* bleiben kann in der Auseinandersetzung mit den Mächten der rauhen Wirklichkeit, ist nur möglich im Reich der Philosophie – einer mystisch verklärten Philosophie, die letzten Endes ihre

Zuflucht zu magischen Kräften nehmen mußte, oder, besser gesagt, einer Philosophie, die sich von magischen Vorstellungen herleitend noch im Schwebezustand zwischen Mystik und objektiven Erkenntnissen befand.
Über den dauistischen Begriff der Streitlosigkeit vgl. auch Kap. 8, 66, 68, 69.

Kapitel 23:

Der erste Satz nimmt das Thema des Kap. 14 wieder auf. Die Natur (das Dau) ist nur in ihren Erscheinungen, die *nichts dauerndes schaffen*, also vergänglich sind, den Sinnen zugänglich: ihr tiefstes Wesen bleibt den Sinnen verschlossen, *unhörbar* steht hier vermutlich auch für *unsichtbar* und *unfaßbar* (Kap. 14). Die Verschmelzung der drei Begriffe in einem Wort ist wohl assoziativ durch die Metapher *der wirbelwind dauert keinen morgen*, die daraufolgt, bedingt.
Die *sprache der natur* ist nur dem verständlich, der dem Dau und De folgt. In dem makro-mikrokosmischen Identitätsverhältnis des Weisen zur Natur, zum Dau, offenbart sich ihm hinter den sich wandelnden Erscheinungen das *ewigdauern*. Ein ähnliches, wenn auch weiter in die philosophische Kontemplation hineinreichendes Lebensgefühl finden wir auch in Marc Aurels „Selbstbetrachtungen": „Stelle dir stets die Welt als ein Geschöpf vor, das nur aus *einer* Materie und aus einem einzigen Geiste besteht. Sieh, wie alles der *einen* Empfindung derselben sich fügt; wie vermöge einheitlicher Triebkraft alles sich bildet..." (4. Buch, 40).
Die letzten zwei Zeilen trafen wir bereits im Kap. 17 an. Hier steht das „fehlende Vertrauen" deutlich im Zusammenhang mit den vorhergehenden zwei Zeilen: *wer eins wird mit ihrem* (des Dau und De) *verlust*, treibt ab in eine Welt der *verlorenheit*. Wer *eins wird* mit dem Dau und De, findet sich in der *vertrauten* Welt des *ewigdauernden*: für ihn spricht die Natur eine vernehmliche Sprache.

Kapitel 24:

Hier wird noch einmal bildlich dargetan, daß jedes „Zuviel", alles „Überflüssige" nicht zum Ziel führt, sondern *abscheu erweckt* wie das *schlemmen*. Das Dau ist – im Gegensatz zum transzendenten Gott oder Weltgeist des Abendlands – eine der Natur immanente Kraft oder Gesetzmäßigkeit, die – und das entspricht den im alten China noch fortwirkenden Stammes- und Sippenverhältnissen – individuelle Zielgerichtetheit als störend, als dem Dau *zuwiderhandelnd* von sich weist und *der vielstimmigkeit einklang* fordert (vgl. Kap. 55).

Kapitel 25:

Hier wird das Dau als die ordnende Kraft im Chaos der Urwelt gezeigt und der Inhalt der Kap. 1, 4, 6, 14, 16 und 21 rekapituliert. In dem makro-mikrokosmischen Wechselverhältnis ist eine hierarchische Stufung erkennbar: der Mensch, vor allem der Bauer, aber auch der Weise – jeder ist unmittelbar von der Erde abhängig und muß ihren Gesetzmäßigkeiten folgen; die Erde wieder hängt vom Himmel (Sonne, Regen usw.) ab; und der Himmel als höchste vorstellbare Sphäre der Erscheinungswelt hängt (wie auch die Erde und der Mensch) vom Dau ab, das als natürliche Gesetzmäßigkeit in allem wirkt. Der zyklische Charakter des dauistischen, ja des klassischen chinesischen Weltbildes im allgemeinen zeigt sich in der Konzeption, daß selbst das unendlich Große und „Ferne" wieder „zurückkehren" muß. Innerhalb dieses zyklischen Rotationsprozesses finden wir eine Stufung, die sich auch in den kosmologischen und astronomischen Vorstellungen der Schule der „Himmelssphäre" (Huntien-Schule) erhalten hat. Diese Schule läßt sich mit Sicherheit bis in das 4. Jahrhundert v. u. Z. zurückverfolgen, bietet aber sicher selbst nur eine rationalisierende Zusammenfassung älterer Anschauungen. Man stellte sich den Himmel wie ein Ei vor, in dessen Mitte sich die Erde wie das Dotter im Ei befinde. „Der Himmel ist groß, die Erde ist klein... Der Himmel wird gestützt durch das Tschi (Krafthauch, Pneuma, Dampf), die Erde schwebt auf dem Wasser ..." (Dschang Heng, Huntienyidschu). Die Interrelationen der Weisen in diesem sphärisch gestuften zyklischen Kosmos lassen sich in ihrer magisch-mystischen Bedeutung auch in den klassischen Schriften der Konfuzianer erkennen. Wir wollen hier eine Passage aus dem Buch „Dschungyung" (Lehre von der Mitte) wiedergeben:

„So ist die Höchste Aufrichtigkeit endlos strömend. Da sie endlos-strömend ist, vermag sie ewig zu bestehen. Da sie ewig zu bestehen vermag, ist sie nachweisbar. Als Nachweisbares aber reicht sie in die weite Ferne. Als weit in die Ferne Reichendes ist sie groß und wesenhaft. Als Großes und Wesenhaftes ist sie hoch-erhaben und hell-scheinend. Da sie groß und wesenhaft ist, trägt sie alle Dinge. Als Hoch-Erhabenes und Hell-Scheinendes überdeckt sie alle Dinge. Da sie ewig zu bestehen vermag, vollendet sie alle Dinge. Das Große und Wesenhafte kommt der Erde gleich; das Hoch-Erhabene kommt dem Himmel gleich; das weit in die Ferne Reichende kommt dem Grenzenlosen gleich. Wer dem entspricht, wird offenbar, ohne scheinen zu wollen, bringt Wandlungen, ohne zu bewegen, führt zur Vollendung, ohne Anstrengungen zu machen..." (Dschungyung, Kap. 26). Wenn wir hier für „Höchste Aufrichtigkeit" die dauistischen Kardinalbegriffe Dau und De einsetzen und die Wechselbeziehungen in der Wirkungsweise der Weisen in dem Verhältnis „Höchste Aufrichtigkeit" (Dau), Himmel, Erde, Mensch analysieren, so zeigen sich große Ähnlichkeiten mit dem Kap. 25 des Daudedsching (und auch anderen Kapiteln). Handelt es sich hier um ein Plagiat? Das wäre kaum anzunehmen. Vermutlich schöpften alle Philosophen des chinesischen Altertums aus derselben Quelle, nur daß die Dauisten als Utopisten zwischen Weltbejahung und Weltfremdheit schwankten und somit in weitaus größerem Maße Zuflucht zum Reich des Magisch-Mystischen als die im wesentlichen rational und pragmatisch eingestellten Konfuzianer nehmen mußten. Aber auch die Konfuzianer konnten sich nicht von den makro-mikrokosmischen Identitätsvorstellungen einer im Magischen verwurzelten Vergangenheit lösen. Auch sie bezogen sich immer wieder auf diese Sphäre des gemeinsamen Ursprungs. Zitieren wir noch einmal die „Lehre von der Mitte" (Dschungyung, Kap. 22): „Nur wer die Höchste Aufrichtigkeit in der Welt besitzt, vermag seine Natur voll auszuschöpfen. Wer seine Natur voll auszuschöpfen vermag, vermag auch die Natur anderer Menschen voll auszuschöpfen. Wer dies vermag, der vermag die Natur aller Dinge voll auszuschöpfen. Wer dies vermag, der vermag der wandelnden und hervorbringenden Kraft des Himmels und der Erde beizustehen. Und wer dies vermag, der vermag eine Trinität zu bilden gemeinsam mit Himmel und Erde." Hier sehen wir das Dau der Dauisten ersetzt durch die ethische Kategorie „Höchste Aufrichtigkeit". Der magische Kern ist nichtsdestoweniger ebenso potent geblieben wie im Daudedsching.

Kapitel 26:

Der Sinn dieses Kapitels wird klar, wenn wir es mit dem Ideengehalt der letzten Strophe des Kap. 63 vergleichen. Verwurzeltsein im Dau und *reine stille* (Kap. 45) sind Voraussetzungen für die eigene wie auch für die Sicherheit der Welt (vgl. Kap. 16, 54, 55). Der Weise nimmt das Leichte nicht leichtfertig, denn es handelt sich – mit Brecht zu sprechen – um „das Leichte, das schwer zu machen ist" (vgl. Kap. 64). Er setzt sich aber über jene Dinge, die gemeinhin als schwerwiegend und kostbar geachtet werden, wie Ehren, Würden, Reichtum usw. leicht hinweg, da sie für ihn „überflüssig", also belanglos sind (vgl. auch Kap. 44 und 46).

Kapitel 27:

Hier wird zunächst die Wirkungsweise der magischen *belehrung ohne worte* bildhaft erläutert. Im Buch „Dschuangdse" (Kap. 12) finden wir eine Passage, die uns einen gewissen Einblick in die Vorstellungswelt der Dauisten hinsichtlich dieses Gehens ohne *spuren* gewährt: „Der Mensch nämlich, der das De eines zum König Bestimmten besitzt, wandelt dahin, sich an das Echte haltend, und empfindet es als beschämend, sich mit Regierungsgeschäften abzugeben. Er wurzelt im Urgrund und weiß, das Geisterhafte zu durchdringen. Darum ist auch sein De von gewaltiger Weite. Sein Herz reagiert auf die Dinge, nur wenn sie es von ihm ver-

langen. Denn das Gestaltete entsteht nur durch das Dau. Das Entstandene kann nur durch das De erhellt werden. Wer das Gestaltete seinen Weg gehen und seine Lebenskraft zu Ende wirken, das De Wurzel fassen und das Dau sich erhellen läßt, ist das nicht einer, der das De eines zum König Bestimmten besitzt? Von großer Weite ist er wahrhaftig! Selbstlos, den Dingen folgend, wirkt er, und so folgen ihm auch alle Dinge! Das nennt man einen Menschen, der das De eines zum König Bestimmten besitzt. Im tiefsten Dunkel vermag er zu sehen, in tiefster Stille zu hören. Er allein sieht im tiefsten Dunkel Licht, hört in der tiefsten Stille den Klang der ewigen Harmonie. So ist er tiefer denn das Tiefste und vermag Dinge zu gestalten, geisterhafter denn das Geisterhafte, und vermag Samenkräfte hervorzubringen..."
Es wäre zu empfehlen, in diesem Zusammenhang auch Kap. 47 des Daudedsching aufmerksam zu lesen.
Im letzten Teil des Kap. 27 wird eine Frage angeschnitten, die in der letzten Strophe des Kap. 42 und im Kap. 49 noch einmal behandelt wird. Der *ungute* wirkt einerseits als „negatives Beispiel", indem er anschaulich das in sich demonstriert, was dem Dau zuwiderläuft – und so das Augenmerk auf das dem Dau Gemäße lenkt. Andererseits ist auch das verkümmerte, verzerrte De des Unguten immer noch ein De und als solches *wahr* (vgl. Kap. 49).

Kapitel 28:

Der Sinn der drei ersten Strophen deckt sich im wesentlichen mit den bereits in Anm. zu Kap. 10 und in der Einleitung (vgl. S. 8 f.) dargelegten Gedanken. Wichtig für uns ist die letzte Strophe, in welcher die Antithese zur Heimkehr in die *ursprünglichkeit* (letzte Zeile der dritten Strophe) aufgezeigt wird. Der Begriff *ursprünglichkeit* (pu: wörtlich: „rohes Holz", „unbehauener Holzblock" – von Arthur Waley mit „uncarved block" übersetzt), öfter auch mit *unverdorbenheit* übertragen, nimmt von nun an einen wichtigen Platz im Daudedsching ein (vgl. Kap. 32, 37 und 57; impliziert ist er auch in anderen Kapiteln – vgl. Kap. 49, 80). Unter *ursprünglichkeit* oder *unverdorbenheit* ist auf der sozialen Ebene jenes Stadium der *urtiefen gemeinsamkeit* zu verstehen, von welchem im Kap. 56 gesprochen wird. Dschuangdse spinnt diesen Gedanken im 9. Kap. seines Werkes weiter aus (vgl. Einleitung S. 18). Wie der Handwerker „die ureigenste Art eines Stoffes" (pu: den „rohen, unbehauenen Holzblock") verdirbt, um daraus Gegenstände zu formen, so trifft die Schuld an der Auflösung der ursprünglichen Einheit und Gemeinsamkeit den *weisen*, der die Menschen jene differenzierende *güte* und *tugend* lehrt, die Verwandte und Fremde voneinander scheidet (vgl. Daudedsching, Kap. 56) und schließlich zur Disintegration und zu Herr-und-Knecht-Verhältnissen in der Gesellschaft führt. Sehr aufschlußreich über die von den Dauisten durch ihr Ideal des „Rückströmens" in die Ursprünglichkeit angenommene regressive Haltung dem kulturellen Fortschritt gegenüber ist eine Passage im Kap. 12 des Buches „Dschuangdse": „Dsegung (ein Schüler des Konfuzius) wanderte südwärts nach Tschu. Als er nach Dschin zurückkehrte, kam er an einem Ort südlich des Han-Flusses vorbei. Dort sah er einen Mann, der im Garten arbeitete. Er hatte Kanäle in die Erde gegraben, stieg mit einem Krug in den Brunnen hinab und kam wieder heraus, um das Wasser auszugießen. Das Ergebnis seiner viel Kraft und Anstrengung erfordernden Arbeit war nur sehr gering. ‚Es gibt ein Gerät', sagte Dsegung zu ihm, ‚das in einem Tag hundert Beete zu bewässern vermag. So kann man mit nur geringem Kraftaufwand große Leistungen erzielen. Wollt Ihr nicht davon Gebrauch machen?' Der Gärtner blickte zu ihm auf und fragte: ‚Nun was ist es denn?' ‚Man schnitzt ein Gerät aus Holz', erwiderte Dsegung, ‚das hinten schwer und vorn leicht ist. Es hebt das Wasser so schnell, daß es nur so dahinsprudelt. Man nennt es Brunnenschwengel.' Da wechselte plötzlich der Ausdruck auf dem Gesicht des Gärtners, und lachend sprach er: ‚Wer schlau ausgedachte Geräte besitzt, hörte ich meinen Meister sagen, muß zwangsläufig auch schlau in all seinen Handlungen sein. Wer aber schlau in all seinen Handlungen ist, der muß zwangsläufig ein schlau übervorteilendes Herz haben. Hat man aber ein schlau übervorteilendes Herz, so ist das Einfach-Schlichte dahingeschwunden; der Geist wird ruhelos. Und in einem ruhelosen Geist findet das Dau keine Heimstatt mehr. Ich kenne gar wohl Euer Gerät, aber ich würde mich schämen, es zu gebrauchen.'" „Rückströmen in die Ursprünglichkeit" heißt also nicht nur Aufgabe aller sozialen Differenzierungen, sondern auch nahezu aller kulturellen Errungenschaften. Und hat das Dau wieder eine Heimstatt im Herzen der Menschen gefunden, so lösen sich nicht nur alle sozialen Widersprüche, hat nicht nur der Staat als Instrument dieser Widersprüche zu existieren aufgehört (vgl. Kap. 80), sondern auch die „Heimkehr" in den Großen Stamm ist wieder möglich geworden.

Kapitel 29:

Die erste Strophe verneint emphatisch die Möglichkeit, die wirren Zustände im partikularistisch aufgespaltenen Dschou-Reich durch militärisch-politische Annexion – mittels Gewalt zu beseitigen. Im Kap. 48 heißt es: *zu wahrer herrschaft im reich gelangten immer nur tatenlose.* Denen, *die taten vollbringen,* gelingt es vielleicht, das Reich vorübergehend zu einigen, aber sie *sind nicht fähig, das reich zu erlangen,* d. h. zu bewahren. Die frühen Dauisten verdammten den Krieg (vgl. Kap. 31) als Mittel politischen Zwangs; nur einen Krieg, den man notgedrungen führen mußte, einen Verteidigungskrieg, erkannten sie an (vgl. Kap. 30, 68, 69). Interessant ist der Vergleich des Reiches mit einem *opfergefäß.* Es wäre nicht unberechtigt zu vermuten, daß die frühen Dauisten zu diesem Vergleich nicht nur durch die naheliegende Assoziation mit den „heiligen Dreifüßen" und anderen Ritualgegenständen, welche symbolisch die Macht des Königshauses verkörperten, verleitet wurden. Der *tatenlose,* der Weise, der *zu wahrer Herrschaft* im Reiche gelangen sollte, trug noch sehr viele Züge des mit magischen Kräften ausgestatteten Priester-Häuptlings älterer Zeiten. Die vier Zeilen nach *so sind die dinge* sollen in parallelistisch-antithetischen Gegenüberstellungen (im Original: manche gehen, manche folgen; manche blasen, manche blasen dagegen – tschue: oft für blasen des Windes gebraucht – usw.) andeuten, daß Handlungen, die subjektiv und selbstsüchtig nach einem bestimmten Ziel ausgerichtet sind und bestimmte Resultate erzwingen wollen, meist in das Gegenteil des Gewünschten umschlagen. Dem Leser ist die Schlußfolgerung überlassen, daß es demnach *vergebliche mühe* sei, *an sich zu reißen das reich.* Nach We Yüen (Laodse Benyi) bezieht sich die erste der vier Zeilen auf die Verhaltensweise des Weisen: er geht, ohne zu wollen, daß ihm die anderen folgen; und dennoch folgen sie ihm, eben weil er nichts *an sich zu reißen* wünscht, also selbstlos handelt. Die letzte Strophe folgt logisch aus der vorhergehenden: jede Handlung, die „über" das natürlich Gegebene hinausgreift, macht sich selbst zunichte (vgl. Kap. 30, letzte Strophe; Kap. 64; Kap. 76).

Kapitel 30:

Da im Daudedsching der Krieg verdammt, andererseits aber als mögliches Betätigungsfeld eines dem Dau Dienenden doch in die Betrachtung mit einbezogen wird, müssen wir annehmen, daß der Autor zwischen „gerechten" und „ungerechten" Kriegen unterschied. Dieser Gedanke war auch der Schule des Modse (s. Einleitung S. 46) vertraut, deren Grundhaltung durchaus pazifistisch war. In einer Zeit, in der Kriege ein unvermeidliches Übel zu sein schienen, konnte schließlich kein Denker diese die Völker aller Staaten des Dschou-Reiches bewegende Tatsache übergehen. Wenn also das Daudedsching den Aggressionskrieg prinzipiell ablehnt (Kap. 30, erste Strophe) und das *handwerk des krieges* überhaupt als *unglückverheißend* bezeichnet (vgl. Kap. 31), so ist anzunehmen, daß der Autor nur den Verteidigungskrieg – und auch diesen nur zögernd – guthieß.
Die letzte Strophe behandelt die Frage der politischen und militärischen Macht generell. Anhäufung von Macht führt zur „Über"macht, zum Drang, die eigene Macht anderen aufzuzwingen. Dieses „überflüssige" Hinzutun zum natürlichen Geschehen trägt wie alles Überreife den Keim der Selbstvernichtung in sich.

Kapitel 31:

Dieses Kapitel bietet in zweierlei Hinsicht Schwierigkeiten für den Übersetzer: vermutlich war ein Teil des uns überlieferten Textes (in der Übersetzung die Zeilen 5–10 und 17–21) ursprünglich Kommentar, der versehentlich oder geflissentlich dem Text einverleibt wurde; und ferner ist der

Sinn der zwei Schriftzeichen dsuo und you (links und rechts, hoch und niedrig usw.) im Kontext noch umstritten. Hinsichtlich der ersten Frage wurden in der Übersetzung die Möglichkeiten einer Textrekonstruktion vorläufig nicht in Betracht gezogen und die Sätze in der uns überkommenen Gestalt wiedergegeben. Die Frage, was dso und yo im Kontext bedeuten könnten, scheint Dschu Tschien-dschi in seiner textkritischen und annotierten Laudse-Ausgabe (Laodse dschiaushi) vorläufig geklärt zu haben. Er beruft sich auf eine Stelle in dem historischen Werk Dsodschuan (Dsos Kommentar zu den „Frühlings- und Herbst-Annalen"), in der es heißt, daß das Tschu-Volk (und das Daudedsching entstand auf dem Territorium des Tschu-Staats) die linke Seite als Platz des Edlen, als Ehrenplatz schätzte. In diesem Zusammenhang scheint „links" die Nebenbedeutung von glückverheißend oder friedlich, „rechts" die von unglückverheißend bzw. unfriedlich angenommen zu haben. Jedenfalls bargen sich unter der konkreten ritualistischen Bedeutung dieser beiden Wörter Begriffs- und Gefühlswerte, die wir nur erahnen, nicht mehr genau bestimmen können. Im Gesamtkontext und im Vergleich mit dem Tenor anderer relevanter Passagen gesehen scheint unsere Übersetzung annähernd sinngemäß zu sein. Mehr können wir derzeit nicht erhoffen.

Kapitel 32:

Von der Macht des Kindlich-Schwachen, des Kindlich-Unverbildeten, der *ursprünglichkeit* oder *unverdorbenheit* wurde bereits in den Kap. 10, 20 und 28 gesprochen (vgl. Anm. zu Kap. 28). Als Anfang und Endziel einer zyklisch gedachten Entwicklung ist das *unverdorbene* mächtiger als jede Form der Macht im dazwischenliegenden Reich der Differenzierungen. Auf der sozialen Ebene gleicht das Stadium der *unverdorbenheit* dem Goldenen Zeitalter des Ovid:

Erst nun sproßte von Gold das Geschlecht, das sonder
    Bewachung
willig und ohne Gesetz ausübte das Recht und die Treue.
Strafe wie Furcht war fern; noch lasen sie drohende Worte

nicht am gehefteten Erz; noch stand kein fliehender Haufe
bang vor des Richters Gesicht: Schutz hatten sie ohne den
    Richter ...

Vergleichen wir mit diesen Zeilen Ovids die Kap. 17 und 18
des Daudedsching.
Auf der kosmischen Ebene bedeutet Rückkehr in die Unverdorbenheit die Wiederherstellung jenes noch nicht durch Differenzierungen gestörten Verhältnisses zwischen Mensch und Natur, das ursprünglich dem Großen Stamm eigen war. Da die *fürsten und herren* aber eben durch die Zerstörung der *unverdorbenheit* Fürsten und Herren wurden, haben sie auch die Fähigkeit verloren, die einstmals den weisen Herrscher zum menschlichen Exponenten und magischen Mittler innerhalb des Großen Stammes machte. Die zweite Strophe spricht indirekt den *fürsten und herren* die Daseinsberechtigung ab, da sie das Unverdorbene ja nicht mehr zu wahren imstande sind. Denn ihre Existenz beruht eben auf der Selbstherrlichkeit der Namen, d. h. auf sozialer Differenzierung, auf der Auflösung des Unverdorbenen. Wären sie aber Weise (vgl. Kap. 2; Kap. 10, letzte Strophe; Kap. 17), so gäbe die ganze Natur ihren Segen dazu, und das Menschengeschlecht kehrte zwanglos zur Gleichheit zurück.

Kapitel 33:

Zu den ersten zwei Zeilen dieses Kapitels schrieb der berühmte Kommentator Wang Bi, der erst vierundzwanzigjährig 249 v. u. Z. verstarb: „Wer (andere) Menschen kennt, besitzt eben nur Wissen. Unvergleichlich höher steht jener, der sich selbst kennt, da er die Grenzen des (gewöhnlichen) Wissens überschritten hat." Das Wort ming im Original (wörtlich: hell, Helle, klar, Klarheit, verstehen usw.) wurde mit *weise* übersetzt. Ming erschien bereits im Kap. 27 (zweite Strophe), und zwar in einem Zusammenhang, der diese *helle*, diese Weisheit als transzendentes Wissen erkennen läßt. Es handelt sich hierbei offenbar um ein mystisches Begreifen der Gesamtheit aller Erscheinungen im eigenen Ich, was nur möglich ist, wenn das Einzelwesen, der Mikrokosmos, als identisch mit dem Makrokosmos – oder der Makrokosmos im Mikrokosmos immanent gedacht wird. Auf einer primitiveren Stufe entspricht diesem „Wissen" die Alcheringa-Vorstellung der zentralaustralischen Stämme, die A. P. Elkin vielleicht fälschlich (vgl. G. Pätsch, H. Eildermann und die Urreligion, Wiss. Zeitschrift der Humboldt-Univ. Berlin, Jg. VII [1957/58], Nr. 3) mit „Traum-Zeit" übersetzt hat. Immerhin hat Elkin mit der folgenden Feststellung sicher recht, nämlich, daß dem Alcheringa-Begriff eine Zeitvorstellung zugrunde liegt, die „in sich selbst kein Tempus besitzt und in welcher die schöpferische Tätigkeit der Heroenzeit der Vergangenheit in der Gegenwart wieder wirksam wird. Das geschieht durch die richtige Durchführung des Rituals..." (Elkins Einleitung zu McCarthys „Australian Aboriginal Rock Art"). Wir haben die Zusammenhänge zwischen Magie und dauistischer Philosophie bereits in der Einleitung ausführlich behandelt; hier sei nur darauf hingewiesen, daß in einer philosophischen Überarbeitung und Weiterentwicklung primitiver Vorstellungen die Zeitlosigkeit eines Alcheringa-Begriffs subjektiv die mystische Schau in das „Tiefe", das Eindringen in *aller geheimnisse pforte* (Kap. 1) möglich zu machen scheint. Über diese Form des „Wissens" wird im Kap. 47 noch deutlicher gesprochen. Wenn wir die Zeilen drei und vier mit den Gedanken des Kap. 13 vergleichen, verstehen wir auch, warum *unbezwingbar* ist, *wer sich bezwingt*. Denn wenn „das ärgste Übel das Selbst" ist, so bedeutet ein Sieg über das Selbst die Beseitigung des Grunds aller Übel und damit das Wiedererlangen der Fähigkeit, der *helle* zu folgen (vgl. Kap. 27), das eigene Leben zu wahren (vgl. Kap. 50), die Menschen und Dinge zu bewahren (vgl. Kap. 27) usw.

Die Zeile fünf findet ihren Kommentar in Kap. 46: *es ist kein übel ärger als begehren...*

Das „Durchsetzen", von dem in Zeile sechs gesprochen wird, ist als Sieg über das Selbst, über Gier und Begierde zu verstehen. Das Eingehen ins Dau setzt eine Reduzierung der eigenen Persönlichkeit auf das dem Dau Gemäße voraus. Wer so ins Stadium der *unverdorbenheit* zurückgekehrt ist, *wer die urmutter erschaut hat*, ist *gefeit bis an sein ende* (Kap. 52). Und da er sich mit dem Dau, das unzerstörbar ist, identifiziert hat, so lebt er weiter im Strom des Dau. Wie die Alcheringa-Ahnen lebt er in einer sich ewig vergegenwärtigenden Vergangenheit.

Kapitel 34:

Das Dau erscheint hier gleichsam als metaphysisches Gegenstück zum Weisen – zum idealisierten Priester-Häuptling eines Goldenen Zeitalters – wie er in Kap. 2 und 10 beschrieben wird.

Kapitel 35:

Im Gegensatz zu den Verlockungen der verbildeten Sinne (vgl. Kap. 12), die dem Menschen nie Befriedigung gewähren, bietet das Dau keine äußerlichen Reize dar. Trotzdem halten sich alle Wesen unbewußt daran (vgl. Kap. 51). Denn als unerschöpfliche Urkraft wirkt das Dau in allen, und dank den Weisen wird das dem Dau Zuwiderwirkende zurückgedämmt. Aber die Erkenntnis des Dau, ein bewußtes Folgen nach seinen Gesetzen fällt den *mittelmäßigen* schwer; *hört ein unverständiger vom dau, so lacht er laut auf* (Kap. 41). Für solche ist die Sinnenwelt anziehender; das Dau schmeckt *fade*.

Kapitel 36:

Die Dauisten befanden sich in Opposition zu dem bereits entfalteten Feudalsystem ihrer Zeit – dem partikularistisch-ritualistischen System der Dschou-Zeit. Sie stellten selbst keine politische Macht dar, erhofften aber, daß ihre Ideen, die Ideen der „Schwachen", schließlich doch über die politisch-militärische Machtanhäufung in der Hand der Fürsten siegen würden. Oberflächlich betrachtet, scheint der Ideengehalt dieses Kapitels den oft machiavellistisch anmutenden Maximen der „wandernden Berater" der späten Dschou-Zeit artverwandt zu sein. Doch die frühen Dauisten waren keine Fürstendiener. Die Aphorismen der ersten Strophe sind eher als Grundsätze ihrer eigenen Verhaltensweise gegenüber den Mächtigen ihrer Zeit und als drohende Ankündigung ihres unaufhaltbaren Niedergangs zu verstehen. Der dauistische Weise ist durch seine Kenntnis des Dau gewissermaßen ein Prophet. Mit dem *fisch,* der *nicht aus der tiefe* steigen soll, ist wahrscheinlich der dauistische Weise selbst gemeint, der in Verborgenheit, in seinem eigenen Element leben muß, um auf die Welt einwirken zu können.

Der Begriff *waffen* in der vorletzten Zeile scheint ein Terminus technicus der Philosophen der Dschou-Zeit gewesen zu sein, der sowohl den „scharf"-sinnigen Geist des Weisen wie auch die von ihm geschaffenen oder erfundenen „Instrumente" (Waffen – wörtlich: scharfes Instrument) umfaßte. Im Buch „Dschuangdse" (Kap. 10) werden die letzten zwei Zeilen des Kap. 36 des Daudedsching wörtlich zitiert. Unmittelbar darauf folgen diese Sätze: „Die Waffen (scharfen Instrumente) der Welt sind jene Weisen. Sie sind nicht dazu geschaffen, die Welt zu erhellen. Darum soll das Weisesein abgeschafft und die Klugheit verworfen werden (vgl. Daudedsching, Kap. 19), und die großen Räuber werden von selbst verschwinden..." Dschuangdse fährt sodann fort, daß auch Jade und Perlen, Siegel, Maße und Gewichte, Musikinstrumente, Werkzeuge usw. vernichtet und „Güte" und „Rechtschaffenheit" abgeschafft (vgl. Daudedsching, Kap. 19 und 38) werden müssen, um jene *urtiefe gemeinsamkeit* (vgl. Daudedsching, Kap. 56) wiederherstellen zu können. Es ist demnach sehr wahrscheinlich, daß mit *waffen* der *weise* nicht-dauistischer Prägung gemeint ist, dessen Scharfsinn schließlich nur dazu dient, die Menschen durch „schlau ausgedachte Geräte" ihrer natürlichen Schlichtheit zu berauben, sie zu „schlau übervorteilenden" Handlungen (vgl. Anm. zu Kap. 28) zu verleiten und zu Räubern zu machen.

Kapitel 37:

Der Inhalt dieses Kapitels deckt sich im wesentlichen mit Kap. 32.

Kapitel 38:

Wir haben bereits in Kap. 18 einen Einblick in die Wertskala der dauistischen Ethik gewonnen. In diesem Kapitel werden die Folgen des Abfalls vom Dau der Reihe nach aufgezeigt.

Dem Dau am nächsten steht seine emanative Kraft, das De, das wie der Archeus des Paracelsus „alles Einzelne zu seiner Vollendung" führt. Das Qualitätlose, das Dau, das sich doch nur negativ bestimmen läßt, wird im De zwar qualitativ bestimmbar, aber das *höchste De* ist sich seiner Einzelheit noch nicht bewußt. Es vermag wie das Dau des Weisen zu *handeln ohne streit* (vgl. Kap. 81). Erst mit der Abgrenzung des De im Einzelwesen beginnt es „Überflüssiges" zu tun. Die Begierde, seine Einzelexistenz zu wahren, setzt es den anderen Dingen feindlich gegenüber. Darum führen nun seine Handlungen zur Unruhe. Während die *höchste güte,* die noch nicht differenziert, in ihrer Wirkungsweise dem Dau und dem *höchsten De* ähnlich ist, wird dem sich abgrenzenden De, dem *niedren De* und der *rechtschaffenheit* eine Wirkungsweise aufgezwungen, die auf Urteil oder Vorurteil, jedenfalls auf Differenzierung beruht (vgl. Kap. 2). Das Bewußtsein der Einzelexistenz setzt die Erkenntnis der Existenz anderer Einzelwesen voraus und zwingt zu einer wertenden Einstellung diesen gegenüber. Ebenso ist bewußte *rechtschaffenheit* von der Erkenntnis der Unrechtmäßigkeit abhängig. In dieser nunmehr feindlich gewordenen ruhelosen Welt erstarren die Differenzierungen, die *namen,* selbstherrlich im Ritual (der feudalistischen Ordnung), das, Gehorsam erzwingend, den Ungehorsam bereits stillschweigend anerkennt. Die *rechtschaffenheit* als erzwungene Verhaltensweise hebt die natürliche Willensfreiheit des De als gemeinnützige Kraft einer egalitären Gesellschaft vollends auf. *Treue und vertrauen* sind damit hingeschwunden. Ähnliches sagt Ovid über das „eiserne Zeitalter":

> ... es entflohen die Scham und die Treu' und die Wahrheit,
> und an die Statt einzogen Betrug und tückische Falschheit,
> Hinterlist und Gewalt und verruchte Begier des Besitzes.

In der letzten Strophe werden die „Neunmalklugen", die „Weisen" nicht-dauistischen Schlags, die ein verdorbenes und krankes Zeitalter gleichsam durch Aufkleben von Pflästerchen und dergleichen Notbehelfe zu heilen suchen, ohne den wahren Grund der Krankheit erkannt zu haben, dem *großen menschen* gegenübergestellt, der sich an das *werdende*, das Dau, hält.

Kapitel 39:

Wird im vorhergehenden Kapitel die Abkehr vom Dau nur in ihren ethischen und sozialen Aspekten behandelt, so schildert dieses Kapitel in geradezu apokalyptischen Bildern, was eine Störung des Dau im gesamten Kosmos hervorrufen würde. Aber auch hier finden wir ein Wechselverhältnis zwischen menschlichem Verhalten und kosmischen Erscheinungen impliziert. Aus den letzten Zeilen der ersten beiden Strophen und schließlich aus der dritten Strophe geht deutlich hervor, daß auch der Akzent dieses Kapitels auf einer sozialpolitischen Frage liegt: nämlich auf der Stellung der Herrschenden zum Volk. Der Autor postuliert unzweideutig, daß der wahre Herrscher ein integrierender Bestandteil des Volkes, ein sich nicht aus ihrer Mitte emporhebendes Mitglied der Gemeinschaft zu sein hat, da nur so ein ungestörter Ablauf in der Gesamtheit der menschlichen und kosmischen Ordnung gewährleistet werden kann. *Waise, witwer, unwürdiger* waren Bezeichnungen, die Fürsten verschiedenen Ranges in der direkten Rede anstatt des Personalpronomens Ich oder eines Pluralis majestatis gebrauchten. Ma Hsü-lun und Gao Heng (Laudse dschenggu, Peking 1956, S. 90, 91) vermuten, und wir denken mit Recht, daß in dem uns überlieferten Text die dritte Zeile von unten einer Textrevision bedarf, die sich überdies auf einen ähnlichen Satz im „Dschuangdse" (Kap. 18: Dschi Yü bu Yü) zu stützen vermag. Das Schriftzeichen „Yü" (Wagen, Prachtwagen) in jener Zeile scheint jedenfalls eine Fehlschreibung des homophonen und auch graphisch ähnlichen Zeichens für „Ehre", „Ruhm" zu sein. Anderenfalls müßte diese letzte Zeile etwa so übersetzt werden:

> Zerlegt doch einen Prachtwagen nur
> und seht, was bleibt? – Vom Wagen keine Spur!

In bezug auf das Kompositum *jadegeklingel* haben wir uns in unserer Übersetzung an die herkömmliche Lesung und Deutung gehalten. Die reduplizierten Schriftzeichen „lu-lu" und „lo-lo" vor „Jade" bzw. „Stein" im Original, die von chinesischen Kommentatoren als „schön" (glänzend: für Jade) bzw. „häßlich" (ungestalt: für Steine) erklärt werden, scheinen hier eher onomatopoetisch den Klang von Jade bzw. Stein anzudeuten. Jadestücke wurden am Gürtel der Kleider vornehmer Persönlichkeiten befestigt und gaben beim Gehen ein klingelndes Geräusch. Klangsteine wurden im alten China als Musikinstrument gebraucht. Die Assoziation von Klang mit Jade bzw. Stein ist daher naheliegend.

Kapitel 40:

Über die „rückkehrende" Bewegung des Dau und die Entstehung des Seienden aus dem *nichtseienden* siehe Einleitung S. 22 ff.

Kapitel 41:

Das Bestreben der Dauisten, durch Paradoxa zu verblüffen und zu fesseln, haben sie mit den Vertretern der Schule der „Namen" (der Logiker oder Terminologen) gemein (vgl. Kap. 78, letzte Zeile). Im 33. Kap. des Buches „Dschuangdse" sind uns „zehn Thesen" eines der Hauptvertreter dieser Schule, Hue Schi, erhalten geblieben. Wir wollen vergleichsweise einige dieser Thesen hier zitieren. „Das Größte hat nichts außerhalb seiner selbst." „Das Kleinste hat nichts innerhalb seiner selbst." „Der Himmel ist ebenso niedrig wie die Erde." „Die Berge sind ebenso flach wie die Moore." „Ein eben geborenes Ding ist eben im Begriff zu sterben." Die ersten zwei Sinnsprüche zeigen, wie Denker der späten Dschou-Zeit versuchten, das Verhältnis zwischen „Namen" und Wirklichkeit klarzustellen, in Kategorien zu denken, das Absolute hinter den Erscheinungen zu entdecken. Die Suche nach absoluten Werten zwang sie zu einer kritischen Beurteilung der pragmatischen Aspekte, die im Alltagsgebrauch herkömmlich den „Namen", dem sprachlichen Ausdruck, anhaften. Und zu dieser Beurteilung wiederum zwang sie die Erkenntnis, daß die „Namen", welche in der feudalistischritualistischen Ordnung der Dschou-Dynastie erstarrt und

„selbstherrlich" geworden waren, mit den tatsächlichen gesellschaftlichen, ökonomischen und politischen Verhältnissen in der Periode des Niedergangs und Zerfalls dieser Ordnung nicht mehr übereinstimmten. Die Kluft, die „Namen" und Wirklichkeit trennte und den Vertretern der Schule der „Namen" unüberbrückbar schien, verleitete sie zu einer Haltung, die an die „Realisten" der mittelalterlichen Scholastik gemahnt, welche den „Universalien" objektive Realität zusprachen. Die Überbewertung der „Namen" führte zur Verzerrung empirisch erkennbarer Gegensätzlichkeiten, welche, aus der Höhe logischer Kategorien gesehen, in ihren Relationen zusammenschrumpfen konnten, so daß der „Himmel ebenso niedrig wie die Erde" und „die Berge ebenso flach wie die Moore" erschienen. Flohen diese Philosophen ins Reich der „Namen", um den unlösbar scheinenden Konflikten ihrer Zeit zu entgehen? Oder finden sich in diesen durchaus nicht verwischenden, sondern die Gegensätze radikal in eins fassenden Paradoxien bereits Ansätze der Dialektik, für die ja offenbar der Chinese über weit größere Rezeptivität verfügt als etwa der Europäer? Die Überbetonung der Relativität alles Seienden jedenfalls mag aber wohl öfter das Resultat einer Flucht vor dem eigenen Ohnmachtsgefühl, den Mißständen der Umwelt subjektiv entgegentreten oder sie objektiv bewältigen zu können, sein; sie dient dann zur philosophischen Rechtfertigung sozialer Unverantwortlichkeit. So können mit Hilfe des Paradoxen spielend leicht Mächte überwunden werden, welche die tätige Hand niemals anzutasten wagte.

Während die Schule der „Namen" in gewissem Sinne wie Plato im Reich der „Ideen" ihrerseits im Reich der „Namen" Zuflucht suchte, gingen die frühen Dauisten noch einen Schritt weiter: Sie wollten auch die „Namen" aufgehoben wissen und fanden ihre ultima ratio in der unio mystica mit dem „Unnennbaren", dem Dau. So mußten sie ebenso wie die Vertreter der Schule der „Namen" alle ihrem Dau nicht gemäßen Erscheinungen der Realität im Paradoxen auflösen (vgl. „Dschuangdse", Kap. 2, das bezeichnenderweise den Titel „Traktat über die Egalisierung der Dinge" trägt) d. h., die Relativität aller Werte besonders betonen. Zugleich aber zwang sie die ihnen (wie auch allen anderen zur Mystik tendierenden Philosophen) eigene Trennung des menschlichen Geistes in Verstand (die „gewöhnliches" sensorisches Material anhäufende Ratio) und Vernunft (der vermeintlich zu transzendenten Erkenntnissen durchdringende Intellectus), den Kontrast zwischen dem, was ihre „Schau ins Geheime" ihnen zu vermitteln schien, und den Ansichten und Meinungen ihrer Umwelt besonders hervorzuheben. Auch das konnte sprachlich (denn ihr Hauptanliegen war ja das „Unnennbare") nur mittels Hyperbel und Paradoxen geschehen. In dieser Grundhaltung und Ausdrucksweise spiegelt sich sowohl ihr Protest gegen die bestehende Ordnung wider wie auch ihre Reaktion auf die „Niedriggesinnten" und alle jene, die ihre Andersartigkeit mit Mißgunst oder Mißtrauen betrachteten. Die Konzeption, zu der sie so gelangten, ließe sich etwa folgendermaßen ausdrücken: Die Sinnenwelt steht unvergleichlich tiefer als die unio mystica mit dem Dau; die Sinne täuschen – in der wahren Erkenntnis verschieben sich die Proportionen; das dem Verstand gering, nichtig, als ein Nichts Erscheinende ist in „Wirklichkeit" das über alles Endliche hinausragende unbegreiflich Größte; in diesem Größten, Namenlosen heben sich auch alle Unterschiede und Gegensätze auf, die ja nur in der Welt der „Namen" ihre „Selbstherrlichkeit" behaupten können. Denn das Dau hat wie Hue Schis „Größtes" „nichts außerhalb seiner selbst"; folglich ist ein das Dau betrachtende Subjekt undenkbar. So heben sich auch Subjektivität und Objektivität auf in der *schau ins geheime,* die letztlich nur dem *wahrhaft weisen* vorbehalten bleibt – seine unmittelbare Verbindung mit dem Weltgrund ist hergestellt.

Wie viele bittere Enttäuschungen, welche Gefühle der Auflehnung, der Vergeblichkeit des Widerstands, der Hoffnung und der Ohnmacht mögen, verschanzt im Hintergrund des Bewußtseins, bei der Geburt dieser Gedanken Pate gestanden haben! Zugleich aber erweist sich der gewaltige geistige Anspruch der altchinesischen Mystik, die ja im Gegensatz zu der neuplatonischen und erst recht der europäisch-mittelalterlichen ohne alle Transzendenz auskam, als eine unverbrauchte medicina mentis gegen Trivialität.

Kapitel 42:

Die erste Strophe umreißt, vom *einen*, vom Dau und der *urmutter* ausgehend, in lapidaren Sätzen die kosmogonischen Vorstellungen des chinesischen Altertums, die, wenn auch erst für die späte Dschou-Zeit aus schriftlichen Quellen nachweisbar, sicher viel älteren Ursprungs waren.
Wir sagten bereits in der Einleitung, daß eine Reihe von Vorstellungen und Begriffen – wie das Dau, das Tschi, die Yin- und Yang-Kräfte usw. – gewissermaßen Gemeingut aller philosophischen Schulen waren (und darüber hinaus bis nahezu in die Gegenwart als integrierendes Element im Geistesleben Chinas weiterwirkten). Wir wollen daher zum besseren Verständnis der ersten Strophe drei Passagen aus anderen philosophischen Werken des chinesischen Altertums zitieren: Im Buch „Modse" (Kap. 6) lesen wir: „(Alles Seiende) besitzt ausnahmslos Substanz von Himmel und Erde und harmonisch vereinigtes Yin und Yang." Im Buch „Dschuangdse" finden sich etwa zwei Dutzend Passagen, in welchen die Yin- und Yang-Kräfte erwähnt werden. Wir wollen hier nur eine zitieren: „Von (allem) Gestalthaften sind Himmel und Erde das Größte; von (allen) Kräften (Tschi: in der Übersetzung „Krafthauch" – vgl. Anm. zu Kap. 10 und Einleitung S. 20) sind Yin und Yang das Größte. Das Dau ist allen gemein..." (Kap. 25). Ferner lesen wir an einer anderen Stelle in dem gleichen Werk: „Das Leben ist der Gefährte des Todes; der Tod ist der Anfang des Lebens. Wer findet da den (sie verbindenden) Faden? Durch Verdichtung des Tschi tritt der Mensch ins Leben. Verdichtung (des Tschi) ist Leben, Auflösung (des Tschi) Tod. Wenn Tod und Leben Gefährten sind, worüber sollte ich mich da noch grämen!... So heißt es: Die gesamte Welt durchdringt nur ein Tschi. Daher schätzt der Weise das Eine" (Kap. 22).
Yin und Yang wurden offenbar als Dichotomie des Dau aufgefaßt. Als „reinste" Form des Yang betrachtete man den Himmel (oder die Sonne); für die „reinste" Form des Yin hielt man die Erde (oder den Mond). Der *dinge vielzahl* breitet sich zwischen Himmel und Erde aus; so wird sie *getragen vom Yin* und *umfangen vom Yang*. Die beiden Verben „fu" und „bao", in der Übersetzung mit „getragen"

bzw. „umfangen" wiedergegeben, wurden von den chinesischen Kommentatoren als „sich abwenden" bzw. „sich zuwenden" (Ma Tschi-tschang) oder als „den Rücken" bzw. den „Bauch zuwenden" (Gao Yos Kommentar zu „Huainandse", Kap. 7, in dem die erste Strophe des Kap. 42 des Daudedsching in toto zitiert wird) erklärt. Im Dadailidschi (wahrscheinlich im 1. Jahrhundert v. u. Z. verfaßt) findet sich folgender Satz: „Was vom Himmel geboren wird, hat seinen Kopf oben; was von der Erde geboren wird, hat seinen Kopf unten." Die Vorstellung eines „Oben" und „Unten" in Verbindung mit den Begriffen Himmel und Erde ist jedenfalls überall und immer impliziert, wenn in den chinesischen Quellen von Yin und Yang gesprochen wird. Prof. J. Needham sieht im Yin- und Yang-Begriff „negative und positive Projektionen der sexuellen Erfahrung des Menschen". Auch hier wäre die positionelle Assoziation, die mit dem Aufkommen des Patriarchats soziale Aspekte annahm, verständlich. Doch um das Yin und Yang in der Erscheinungswelt wirksam zu machen, bedarf es des „einigenden Tschi", des materiell gedachten Krafthauchs. Das Tschi nimmt also als Mittelding zwischen Materie und Bewegung eine „einigende" Stellung zwischen den Yin- und Yang-Kräften ein – ähnlich wie bei den drei „gunas" (Qualitäten oder Elemente) der Samkhya-Philosophie die „Bewegung", die zwischen „Lichtheit" und „Finsternis" gesetzt wird (vgl. auch Einleitung S. 8). Prof. W. Ruben sagt von diesen Vorstellungen der Samkhya-Philosophen, daß sie „gekünstelte Umgestaltungen einstiger naiver Begriffe sind ... Der Historiker hört aus ihnen die ursprünglichen Naturbedeutungen der lichten Glut, des strömenden Wassers und der finsteren Erde nur noch mit Mühe heraus." Diese Feststellung trifft generell für jede gesellschaftlich bedingte Rationalisierung „einstiger naiver Begriffe" – also auch für China zu. Im Denken der chinesischen Philosophen verwischten sich häufig die Grenzen zwischen Yin- und Yang-Kräften und dem Tschi, so auch schon in dem obenzitierten Satz aus dem Buch „Modse". Man sprach später oft von einem Yin- bzw. Yang-Tschi.
Hinsichtlich der Deutung der ersten Strophe des Kap. 42 gab es schon im Altertum unterschiedliche Auffassungen. So schrieb etwa um das Jahr 200 u. Z. der obengenannte Kommentator Gao Yo: „Das Eine ist das Dau; die Zwei (Zwei-

zahl) ist der Geist; die Drei (Dreizahl) das einigende Tschi. Man sagt aber auch, das Eine ist das Ur-Tschi (Yuan-Tschi); die Zweizahl, die es gebar, sind der Himmel und die Erde. Die Zweizahl gebar die Dreizahl, und die Dreizahl gebar die Vielzahl. Der Himmel und die Erde fanden ihren Platz, und das Yin und Yang durchströmten alles. So entstanden alle Dinge." Man könnte noch eine Reihe anderer Deutungen hinzufügen. Wir verweisen den Leser auf das in der Einleitung (S. 8 f.) bereits Gesagte.

Kosmogonische Vorstellungen ähnlicher Art – der Dichotomie eines unbestimmbaren Einen in gegensätzliche Elemente (Dualität) und deren „harmonische Einigung" durch eine dritte Kraft (Trinität) – sind durchaus nicht auf China beschränkt. Ein bekanntes Beispiel ist die kosmogonische Abhandlung im ersten Kapitel von Ovids Metamorphosen:

„Vor dem Meer und der Erd' und dem alles bedeckenden Himmel
war in dem ganzen Bereich der Natur nur ein einziges Aussehn,
das man Chaos genannt, ein verworrenes rohes Gemenge,
anderes nichts als träges Gewicht und zwistige Keime
trübe zu Einem gehäuft von lose gebundenen Stoffen...
Eins war feindlich im Wege dem anderen, weil in der Masse
Kaltes im Streite stets lag mit Warmem, mit Trockenem Feuchtes
Weiches mit Hartem (vgl. Daudedsching, Kap. 76) und mit dem Gewichtigen, das was gewichtlos (vgl. Daudedsching, Kap. 2).
Aber dem Zwist gab Schlichtung ein Gott und die beßre Naturkraft..."

Die zweite und dritte Strophe des Kap. 42 scheinen völlig aus dem Rahmen zu fallen: der Zusammenhang einer kosmogonischen oder kosmischen Betrachtung mit der mundanen Stellung der *fürsten* und Maximen über Gewaltlosigkeit erhellt sich erst, wenn wir uns in das für uns fremde Lebensgefühl, in dem das Universum – Natur und Gesellschaft, Objekt und Subjekt – immer noch Züge des Großen Stammes trug, einzuleben versuchen. In der Sicht des Menschen unserer Zeit mag die kosmogonische Betrachtung der ersten Strophe als bloßer Vorwand erscheinen, um mit der Wucht eines durch die Tradition beglaubigten Arguments aus der kosmischen Sphäre die *gewaltsamen*, die ihre Machtposition erzwingenden Fürsten angreifen und verdammen zu können. Vergleichen wir mit diesen Strophen die apokalyptischen Bilder in der zweiten Strophe des Kap. 39. Wenn sich die Fürsten an das *eine* hielten, also zu *verringern* anstatt zu *mehren* trachteten, so würden sie nicht nur die Welt, sondern auch sich selbst retten. Freilich waren die Gedanken der frühen Dauisten durch ihr gesellschaftliches Erleben bedingt und sozialpolitisch motiviert, aber diese Gedanken bewegten sich innerhalb eines Lebensgefühls, dessen Grundlage die Vorstellung einer organischen Einheit alles Seienden war. Und diese organische Einheit mußte unfehlbar gestört werden, wenn irgendeines seiner konstituierenden Elemente gewaltsam seine Eigenheit zu fördern sucht und somit gegen das *eine* verstößt. Damit vernichtet sich der *gewaltsame* aber auch selbst, und so dient er dem Weisen als negatives Exempel.

Kapitel 43:

Geschmeidigkeit, Nichtstarrsein und Gestaltlosigkeit sind Attribute des Dau, die ihm die Fähigkeit verleihen, in allem zu wirken, ohne sich selbst gestalthaft in irgendeiner spezifischen Eigenheit den Dingen aufdrängen zu müssen. So ist es als das *geschmeidigste* selbst dem *härtesten* überlegen und besitzt die Fähigkeit, das *undurchdringliche* zu durchdringen – wie das Tschi, das, selbst formlos, alles zu formen und wieder aufzulösen vermag, oder das Wasser, das sogar ins Gestein eindringen kann.
Ebenso soll auch der Weise sich „geschmeidig" der Eigenheit der Dinge anpassen und durch *nichtwiderdienaturhandeln* ihr natürliches Wachstum fördern. Mit seinem Geist, der wie das Dau *gestaltlos* und *selbstlos* ist, fördert er somit *durch belehrung ohne worte* – also auf magisch-mystischem Wege – *der dinge gedeihen.* Daß die frühen Dauisten selbst an der Möglichkeit, *der dinge gedeihen* auf diese Weise zu fördern, zweifelten, klingt aus der letzten Strophe heraus (vgl. auch Kap. 70).

Kapitel 44:

Hier wird das Thema der „Begierdelosigkeit" und „Selbstvergessenheit" als Kardinaltugenden der Dauisten wieder aufgenommen (vgl. Anm. zu Kap. 7 und 10), nur treten hier die mystischen Aspekte in den Hintergrund, so daß der Akzent wie in einem „Aphorismus zur Lebensweisheit" auf dem Wert dieser Tugenden im praktischen Leben zu liegen scheint.

Kapitel 45:

Die Aussagen in den ersten zwei Strophen sind gleichsam eine Fortsetzung der Paradoxa in Kap. 41. Sie beziehen sich zweifellos auf das Dau und den dem Dau folgenden *wahrhaft weisen*. Interessant ist die letzte Strophe. *Bewegung* steht hier im Sinne einer an und für sich nutzlosen, „überflüssigen" Geschäftigkeit oder Tätigkeit (wie Händeschwingen oder auf demselben Fleck trampeln), die nur dazu dient, um das Gefühl der Kälte zu überwinden. Demgegenüber wird *stille* als *reine stille* (vgl. Anm. zu Kap. 16 und Einleitung S. 14 f.) als die dem *wahrhaft weisen* gemäße Verhaltensweise dargestellt, die ihn befähigt, der *welt* das *rechte maß* zurückzugeben. Der Weise besitzt durch die *reine stille* auch jene Eigenschaften, welche in den ersten zwei Strophen aufgezählt (vgl. auch Kap. 41) und die in der Welt der *namen* nicht verstanden, mißverstanden oder in umgekehrter Proportion gedeutet werden.

Kapitel 46:

Wirrnisse und Krieg sind das Resultat der Abkehr vom Dau. In einer dem Dau entsprechenden menschlichen Ordnung wird das Pferd nicht zu destruktiven Zwecken mißbraucht, es wird nicht zum *schlachtroß*, daher wirkt es auch konstruktiv und nicht destruktiv in der symbiotischen Gemeinschaft des Großen Stammes. Die Parabel vom Pferd, sprachlich zu äußerster Knappheit zusammengedrängt, soll die generelle Auffassung der Dauisten veranschaulichen, daß jeder Verstoß gegen das Dau, jedes Wider-die-Natur-Handeln, die Sucht nach „Überflüssigem" die natürlichen Interrelationen und Korrelationen des Großen Stammes störend beeinflussen. Und jede derartige „widernatürliche" Handlung wiederum, die zwangsläufig *übel* und *unheil* heraufbeschwören muß, ist bedingt durch *begehren, sich nicht begnügen*, durch *erwerbenwollen* (vgl. Anm. zu Kap. 7, 10 und 44).

Kapitel 47:

Zum Verständnis dieses Kapitels vergleiche Anm. zu den Kap. 1 (Schluß), 16, 27 und 33. *Der dinge namen* sind hier als magische Namen aufzufassen (vgl. Anm. zu Kap. 21).

Kapitel 48:

Auch die in diesem Kapitel entwickelten Gedanken sind bereits in den vorhergehenden Kapiteln enthalten. Zu den ersten vier Zeilen siehe Kap. 47 und Anm. zu Kap. 1 (Schluß), 16 und 27. Zum Begriff des *überflüssigen* siehe Anm. zu Kap. 2 und 10. Über die letzten vier Zeilen siehe Anm. zu Kap. 29.

Kapitel 49:

Da der Weise in seiner „Selbstlosigkeit" und „Begierdelosigkeit" dem Dau als kosmischem „unbewegten Beweger" und zugleich dem De der Gattungen und Einzelwesen zu folgen imstande ist, ohne „Überflüssiges" hinzuzutun, so kann sein *herz* nicht *immer gleich* sein. Es haftet nicht an den *namen* (einer willkürlichen und *selbstherrlich* gewordenen Feudalordnung), sondern entspricht dem sich nach dem Gesetz des Dau entwickelnden De der *zahllosen schar*, also aller Wesen innerhalb des Großen Stammes, und damit auch des *volkes*, dessen Rückführung in die *unverdorbenheit* seine nächstliegende Aufgabe ist.

Über das „negative Exempel" siehe Anm. zu Kap. 27 und

Kap. 62. Über die Bedeutung der *einfalt (ursprünglichkeit, unverdorbenheit)* siehe Anm. zu Kap. 28.
Über den Begriff der *kindlichkeit* siehe Anm. zu Kap. 10 und 55.

Kapitel 50:

Was wir in der Übersetzung mit *drei von zehn* wiedergegeben haben, heißt gemäß anderen Interpretationen (Hanfedse, Hoschangung usw.), die nach dem Tenor dieses Kapitels allerdings unhaltbar sind, „dreizehn"; und mit diesen „dreizehn" sollen die „vier Glieder" (Extremitäten des Körpers) und die „neun Öffnungen" (Mund, Nasenlöcher usw.) gemeint sein. Wir sind der Ansicht, daß „drei von zehn" (wie im üblichen Sprachgebrauch der Chinesen bis in die Gegenwart) als eine nur annähernd bestimmte Quantität aufzufassen ist. In der in der Anm. zu Kap. 42 zitierten Stelle aus dem Buch „Dschuangdse" lesen wir, daß „das Leben" „der Gefährte des Todes" ist; „Der Tod" ist für den Dauisten „der Anfang des Lebens". In ähnlicher Weise begründete Pyrrhon von Elis die „skeptische Apathie" mit dem Satz, daß zwischen Gesundheit und Krankheit und zwischen Leben und Tod kein Unterschied bestehe. Für die Dauisten lag das Tröstliche dieser Vorstellung in dem (in Anm. zu Kap. 42 zitierten) Satz Dschuangdses: „Die gesamte Welt durchdringt nur ein Tschi. Daher schätzt der Weise das Eine." Der Grund, warum sich „drei von zehn" Menschen *selbst in den tod* treiben, ist darin zu suchen, daß sie *zuviel*, also *überflüssiges für das leben* tun. Und dieses *zuviel* wiederum wird ihnen dadurch aufgezwungen, daß sie sich nicht *selbstlos* und *begierdelos* in das Gefüge des Großen Stammes einzugliedern vermögen.
Der Gedanke der Unverletzbarkeit des Weisen, des Adepten leitet sich sicher aus älteren magischen Vorstellungen her und findet sich in ähnlicher Form in den Mythen, Sagen oder heiligen Büchern vieler Völker. Daß „Begierdelosigkeit" und eine philosophische Erkenntnis des Todes als „Anfang des Lebens" eine solche „Unverletzbarkeit" verleihen können, ist allerdings das Resultat „gekünstelter Umgestaltungen einstiger naiver Begriffe".

Kapitel 51:

Der Kommentator Lü Hue-tsching schrieb als Erläuterung zur ersten Strophe: „Der Anfang des Namenlosen ist das Dau. Das Dau ist Eines und noch nicht gestaltet. Das, wodurch die Dinge entstehen, ist das De. Wenn sie dann zu Dingen werden, so handelt es sich lediglich um ihre Gestaltung, nicht um das, wodurch sie entstehen und gesäugt (in ihrem Wachstum gefördert) werden. Sobald sie gestaltet sind, gehen sie durch die Stadien der Kindheit, der Reife (Mannesjahre), des Alters und des Todes, die alle zwangsläufig ihrer Innenkraft (Schi) entsprechen. So folgt die Innenkraft (Schi) aus der Gestalt, die Gestalt folgt aus dem De, das De folgt aus dem Dau. Dau und De sind das Primäre, Gestalt und Innenkraft sind das Sekundäre." Wenn wir für diese uns ungeläufigen Bezeichnungen solche der europäischen, insonderheit der aristotelischen Philosophie einsetzen wollen, so würde das heißen: das Dau als causa sui (Ursache seiner selbst) und movens immotus (unbewegter Beweger) ist zugleich causa essendi – die Grundlage und der Urgrund alles Seienden. Das Dau als Potentialität wird zur Aktualität durch das De, die causa formalis, um die sich Substanz der Dingwelt sammelt, d. h. als causa materialis zu sinnlich wahrnehmbaren Gattungen und Einzelwesen gestaltet. Diese entfalten nunmehr ihre materiell gewordenen eigengesetzlichen Kräfte *(eigenkraft)*, die als causa finalis (Zweckursache) den Wachstumsprozeß zur Vollendung führen. Daß der gesamte Ablauf dieser Bewegung mit dem Gedanken einer zyklischen „Rückkehr" verbunden ist, haben wir bereits des öfteren erwähnt (vgl. Kap. 40 und Einleitung S. 22 ff.). Wie verhält sich die „Trinität" Yin, Yang und Tschi zu dieser Vierheit? Offensichtlich sind die Yin- und Yang-Kräfte der causa formalis, dem De, beizuordnen. Ein Überwiegen des Yang formt den Menschen zum Mann und umgekehrt. Der Hermaphrodit heißt bezeichnenderweise Yin-Yang-Mensch, also ist er ein Mensch, in dem sich Yin und Yang in einem paritätischen Verhältnis befinden. Der „harmonisch einigende" Krafthauch Tschi steht mittelnd zwischen causa formalis und causa materialis, zwischen De und Dingwelt; durch ihn materialisiert sich das De, werden Yin- und Yang-Kräfte sinnlich wahrnehmbar. Die Eigenkraft ist sozusagen die Dynamik des in der Gattung oder im Einzelwesen materialisierten De und Tschi, die in Interrelation zur Umwelt (den Jahreszeiten, Klima, Lebensbedingungen im allgemeinen) die Wesen oder Dinge zur Entfaltung und schließlich wieder zum Vergehen bringt, um sie aus der Sphäre der Aktualität wieder in die Potentialität des Dau zurückzuführen. In diesem Sinn ist auch der Satz Dschuangdses zu verstehen: „Die gesamte Welt durchdringt nur Ein Tschi." Im Weltbild der Dauisten waren diese Begriffe sicher noch weniger scharf abgegrenzt als in unserer Rekonstruktion anhand westlicher Termini. Das wird um so verständlicher, wenn wir uns vor Augen halten, daß ja selbst Makrokosmos und Mikrokosmos in dem als organische Einheit gedachten Universum der Dauisten oft kaum zu trennen sind. Betrachten wir nur die letzten vier Zeilen dieses Kapitels: wir finden sie in identischer Form in Kap. 10 und in einer ähnlichen Formulierung in Kap. 2. Ihrem Sinn nach beziehen sie sich bald auf den Weisen, bald wieder auf das Dau. Die Interpretation der letzten drei Zeilen der zweiten Strophe folgt im allgemeinen der Ansicht Li Dschia-mus (um 1050 u. Z.).

Kapitel 52:

Zum Verständnis dieses Kapitels siehe Anm. zu Kap. 33, 16 und 50 (Schluß).

Kapitel 53:

Hier durchbricht der Autor den scheinbaren Gleichmut des kontemplativen Weisen und betritt – auf dem „Umweg" über die *breite straße des Dau,* welche die *mittelmäßigen* (vgl. Kap. 41) nicht zu gehen imstande sind, die Arena des politischen Kampfes. Die flammende Anklage gegen die Fürsten und Edlen zeigt, daß die frühen Dauisten ihren Grundsatz *handeln ohne streit* (s. Kap. 81) sehr weit zu fassen wußten.

Kapitel 54:

Auffallende Parallelen gibt es zwischen der zweiten und dritten Strophe dieses Kapitels und dem ersten Kapitel des Buches Da Hsüe (die „Große Wissenschaft" oder „Große Lehre") der „Vier Bücher" der Konfuzianer. Da Hsüe war ursprünglich ein Kapitel des Lidschi („Buch der Riten"), das ebenso wie ein anderes Kapitel des Lidschi, Dschungyung („die Lehre von der Mitte"), von den Neo-Konfuzianern der Sung-Zeit (960–1279 u. Z.) herausgenommen und mit den „Gesprächen" (des Konfuzius) und dem Buch „Mengdse" in den „Vier Büchern" zusammengefaßt wurde. Diese Parallelen lassen vermuten, daß wir hier eine Interpolation oder Textverzerrung vor uns haben. Die Reihenfolge *an dir* (das Einzelwesen), *im haus* (Familie), *im dorf* (Gemeinde), *im land, in der Welt* stimmt, mit Ausnahme von *dorf* (Gemeinde), in beiden Texten überein. Aber diese Übereinstimmung, die ja auf dem Zurückgreifen in beiden Fällen auf eine bereits stereotyp gewordene Formulierung – vielleicht aus dem liturgischen Sprachgebrauch – beruhen könnte, gibt viel weniger Grund zu Verdacht als die Verwendung des Wortes De im Kontext dieses Kapitels. Denn im Zusammenhang mit Begriffen wie „Familie", „Gemeinde", „Staat" und „Welt" hat der Begriff De offensichtlich alle jene Bedeutungen abgestreift, die für den Gebrauch dieses Terminus technicus im Vokabular der frühen Dauisten charakteristisch sind. Hingegen erscheint das De hier eben in jener Bedeutung, zu der es sich im Sprachgebrauch der Feudalordnung und ihrer Ideologen, also vor allem der Konfuzianer, verengte, nämlich als ethischer Wert. Und dieser ethische Wert objektiviert sich in den Riten, die nach der geradezu feindseligen Meinung der frühen Dauisten *verdarben treue und vertrauen* (s. Kap. 38).

Das Idealbild gesellschaftlichen Seins, das hier entworfen wird, trägt den Stempel konfuzianischer „Tugendhaftigkeit" und steht durchaus im Widerspruch zu dem Idealbild einer Gesellschaft nach dauistischem Geschmack, wie sie in Kap. 80 dargestellt wird. Überdies verrät auch die dritte Zeile der ersten Strophe *so werden söhne und enkel die opfer fortführn für immer,* daß sich hier eine gewissermaßen mit dem Ritual liebäugelnde Geisteshaltung eingeschlichen

hat. Wer auch immer seine Hand im Spiel gehabt haben mag, ein dem Dauismus günstig gesinnter Konfuzianer oder ein zum Konfuzianismus neigender Dauist, der Grundton des Kapitels läßt jedenfalls darauf schließen, daß man um eine Versöhnung dieser beiden gegensätzlichen Strömungen bemüht war.
Syntaktisch und lexikalisch ist dieser gedankliche Fremdkörper im Daudedsching der Sprache der anderen Kapitel vorzüglich angeglichen.

Kapitel 55:

Während in den Kap. 10 und 20 der Sinn und Wert des „Kindseins" nur sehr allgemein behandelt wird, werden nunmehr einige konkrete Aspekte desselben aufgezählt. Zunächst ist das Kind „unverletzbar" wie jene, die *wohl zu wahren wissen ihr leben* (s. Kap. 50), also die Weisen, die den Kreislauf des Dau, der Leben und Tod als Antithesen erscheinen läßt, durchschaut haben. Das Kind hat ihn noch nicht begriffen, also braucht es nicht „täglich zu verlieren", wie es der Erwachsene tun muß, der *dem Dau ergeben* (s. Kap. 48). Im Kap. 40 wird gesagt: *des Dau verhalten ist schwachsein.* In Kap. 76 lesen wir: *zart und schwach ist des menschen leib, wenn er eben geboren; starr und hart aber wird er im tode.* Und in der letzten Strophe des gleichen Kapitels heißt es: *so sinkt in die niederungen das starke und große, indes das zarte und schwache die höhen erklimmt.* Das Kind, der Weise und das Wasser (als Symbol des Dau) besitzen gemeinsam das Attribut der scheinbaren Schwäche, die in Wirklichkeit die Potentialität großer Kraftwirkungen in sich birgt. Diese Wirkungen sind aber nicht (zumindest in der Idealvorstellung) expansiv, aggressiv, von bewußter Selbstsucht getrieben, sondern responsiv, also dem De anderer Mitglieder des Großen Stammes und somit dem Dau entsprechend. Auch die Erektion des Gliedes beim Kind wird nicht durch Verlangen, sondern durch einen Überschuß an Kraft oder mechanischen Reiz, der responsiv, also nicht durch die Sucht nach sexueller Befriedigung, die eine Differenzierung der Geschlechter voraussetzt, hervorgerufen. So bewahrt es ungeschwächt die *samenkraft des lebens*, also unbegrenzte Potentialität gegenüber der Aktualität der Kohibitation Erwachsener, die der tatsächlichen Zeugungsmöglichkeit Grenzen setzt. Diese Vorstellungen führten später zu der von dauistischen Alchimisten empfohlenen Praxis des Coitus reservatus (S. Needham, II, S. 149). Pollution (Yidsching) wurde bis in die Gegenwart als ein böses Übel angesehen, eine gefährliche Krankheit, die, wie man in den Zeitungen zur Zeit der Kuomintang-Herrschaft noch häufig lesen konnte, gewisse Scharlatane vorgaben heilen zu können.

Am interessantesten für uns ist die vermeintliche Fähigkeit des Kindes, durch sein Schreien *der vielstimmigkeit einklang* zu erzielen. *Einklang* wird im Original mit dem Schriftzeichen Ho (Harmonie, Einigung usw.) ausgedrückt, dem wir schon mehrmals begegneten, so in Kap. 2 *(klang und ton stimmen einander)* und in dem Zitat aus dem Buch „Modse" (s. Anm. zu Kap. 42), wo von „harmonisch vereinigtem Yin und Yang" gesprochen wird. Der *einklang*, die Harmonie im Schreien des Kindes, leitet offensichtlich zu einem Thema von kosmischer Bedeutung über: dieser *einklang* subsumiert gleichsam alles Antithetische und führt somit zurück zum Unendlichen, zum *ewigen*, zum *ewigdauern* wie in Kap. 16, zur *helle* wie bereits in Kapitel 52. Wie der zum König Bestimmte (der Weise) „in der tiefsten Stille den Klang der ewigen Harmonie" zu hören vermag („Dschuangdse", vgl. Zitat in Anm. zu Kap. 27), so ist, und das mag merkwürdig klingen, auch durch sein Schreien das Kind, das „reagiert auf die Dinge, nur wenn sie es von ihm verlangen" (ebd.), infolge seines natürlichen Verhaltens der Harmonie des Dau nahe. Sein Schreien ist eine natürliche, responsive Äußerung, die nicht bewußt differenzierend ist und auch nicht *gewalttätig* sein Selbst in den Vordergrund stellt. Mit diesem implizierten Gedanken wird der Schluß des Kapitels eingeleitet, der Themen der Kap. 30, 42 und in gewissem Sinn auch 48 wieder aufnimmt. Die Schlußzeilen sind mit den letzten vier Zeilen des Kap. 30 identisch.

Das *kindsein*, das ja eine Form der *rückkehr*, der *heimkehr* in die *unverdorbenheit* ist, wird hier anhand des Kindes konkret demonstriert, woraus sich die folgenden Verallgemeinerungen ergeben: es ist unverletzbar, besitzt ein gewaltiges Kraft- und Zeugungspotential (was für das männliche Wesen der Samen ist, ist für das weibliche das Menstruationsblut; vgl. Yundschi tschitschien, Kap. 58; diese Vorstellung war sicher viel älter als das zitierte Werk, das aus dem 11. Jahrhundert u. Z. stammt; überdies finden sich auch in alten Texten Andeutungen, welche dieser Vorstellung ein recht ehrwürdiges Alter zuzusprechen scheinen) und vermag durch seine responsiven, nicht differenzierenden Äußerungen sein Tschi und sein De zu bewahren (deshalb kann es auch brüllen, ohne heiser zu werden) und somit dem Dau nahezukommen. Diametral dem Wesen des Kindes, der Kindlichkeit, gegenübergestellt wird der Gewalttätige, der also verletzbar ist, nur scheinbar Macht und Kraft besitzt, sein Tschi und De vertut (er tut ja *überflüssiges*) und somit dem Dau zuwiderhandelt. Im 23. Kap. des Buches „Dschuangdse" tritt Laudse, der angebliche Verfasser des Daudedsching, als Gesprächspartner und Lehrer eines gewissen Nan-Yung Tschu auf, dem er auf die Frage, wie man das Leben schützen kann, folgende Antwort erteilt: „Die Grundregeln für die Wahrung des Lebens sind: Sich an das Eine zu halten (dieser Satz und die folgenden Sätze sind grammatikalisch im Original rhetorische Frage, die eine positive Antwort erheischen – wie in dem vielleicht ‚katechetischen' Kap. 10 des Daudedsching), sein (Wesen) nicht zu verlieren, Gutes und Böses vorauszusehen, ohne das Orakel zu gebrauchen... wie ein Kind zu sein. Schreit das Kind von früh bis spät, wird es nicht heiser. Ungeschwächt ist in ihm der Einklang. In seinem Griff zu behalten vermag es (etwas) von früh bis spät, und seine Hand erlahmt nicht im Krampf. Eins wahrhaftig ist sein De! Zu blicken vermag es, ohne zu zwinkern. Denn es haftet nicht an den Dingen der Außenwelt. Geht es, weiß es nicht, wohin; ruht es, weiß es nicht, was es macht. Es folgt den Dingen schmiegsam, und es schwingt mit den Wogen (der Dinge: es regt sich mit den Regungen, dem De in Aktion, anderer Mitglieder des Großen Stammes). Das sind die Grundregeln für die Wahrung des Lebens." Diese Passage, in welcher zwei Stellen aus dem Kap. 55 des Daudedsching – allerdings in umgekehrter Reihenfolge und zum Teil auch in anderer Formulierung – zitiert werden, zeigt, daß die von den Dauisten als positiv (das Leben wahrend) bewerteten Attribute des Kindes (also auch des Weisen) letztlich auf dessen noch nicht (im Falle des Weisen – nicht mehr) des eigenen Selbstbewußtem, nichtdifferenzierendem, responsivem Verhalten gegenüber dem Großen Stamm beruhen.

Kapitel 56:

Das Paradoxon der ersten zwei Zeilen erfordert ein Umdenken entsprechend den dauistischen Begriffsvorstellungen vom Wissen und Nichtwissen. Darüber haben wir schon ausführlich in den Anm. zu Kap. 1 (Schluß), 16, 28 und 33 gesprochen (vgl. auch Kap. 19, 47 und 48 sowie Einleitung S. 25 ff.). Der Verfasser des Daudedsching und auch Dschuangdse propagierten eine *belehrung ohne worte* (vgl. Kap. 2 und 43) – eine contradictio in adjecto, da ein Propagieren einer wortlosen Belehrung ja doch nur durch Worte möglich ist. Zu „Laudses" Rechtfertigung muß hier allerdings hinzugefügt werden, daß er, zumindest nach der Legende, zur Niederschrift seiner Lehre gezwungen wurde (s. Anm. zu Kap. 1, Schluß). Die Lehre vom Dau und De, nach ihren Protagonisten das nicht in Worten mitteilbare Resultat ihrer Schau *in der dinge geheimnis,* sollte durch magisch-mystische Ausstrahlung des Weisen, durch sein Verhalten und sein Beispiel wirksam gemacht werden. Über das „Wissen" dessen, der *spricht,* schreibt Dschuangdse: „Gibt es unter den Leuten, welche die vulgäre Welt als Wissende bezeichnet, solche, die nicht den großen Räubern helfen, Schätze anzuhäufen! Gibt es unter den sogenannten ‚Weisen' etwa solche, die nicht den großen Räubern behilflich sind, ihr Raubgut zu sichern!" (Kap. 10). In der Welt der *namen* führt und verleitet „Wissen" nach der Ansicht der frühen Dauisten lediglich dazu, selbst Räuber zu werden oder den großen Räubern (den Feudalherren) sein Wissen dienstbar zu machen, also deren räuberische Handlungen zu unterstützen (siehe Einleitung S. 26). Das Paradoxon konturiert demnach in schroffem Gegensatz das Wissen der *wahrhaft weisen,* das auf der Schau *in der dinge geheimnis* beruht, dessen Übermittlung „ohne Worte" geschieht und das als soziales Programm (was eigentlich an erster Stelle stehen sollte) die *urtiefe gemeinsamkeit* anstrebt, und das „Wissen" der sogenannten Weisen, das auf der Kenntnis, Erkundung und Fixierung der *namen*

beruht, das marktschreierisch ausposaunt wird und der Unterdrückung der Armen durch die Reichen und Mächtigen, die *großen räuber,* dient.
Über den Sinn der zweiten (vgl. auch Anm. zu Kap. 32) und dritten Strophe wurde bereits in der Einleitung gesprochen (S. 27 ff.).

Kapitel 57:

regel und maß, nach denen ein Land regiert werden soll, findet das Volk selbst (s. dritte Zeile von unten), wenn der Weise nichts tut und sich still verhält. Das Mittel des Weisen ist, wie wir schon in Kap. 45 gesehen haben, die *reine stille,* die allerdings auf keinen Fall mit der „philosophischen Ruhe" im landläufigen Sinn verwechselt werden darf. Diese *stille* ist spannungsgeladen; sie steht im Kraftfeld des Dau, ist selbst magisch operativ im Sinne des Dau, mit dem der Weise im Zustand der Ataraxie (vgl. Anm. zu Kap. 16) in engster Verbindung steht; und so hilft er den im verzerrten Kraftfeld der Welt der *namen* durcheinandergerüttelten Menschen, den ihnen zukommenden Platz im Großen Stamm wiederzufinden. Wie der Priester-Häuptling älterer Zeiten, der durch magische Operationen (das Ritual schloß sowohl Tanz, Gesang, Opfer, Beschwörung wie auch schamanistische Ekstase und Ataraxie ein) den natürlichen Kreislauf der kosmischen Kräfte nach *regel und maß* zu wahren und fördern wußte, greift nun der dauistische Weise durch eine scheinbar negative, passive Haltung – *stille* – positiv und aktiv in das Zeitgeschehen ein. Auch hier finden wir eine „Umgestaltung einstiger, naiver Begriffe". Denn die „Kraftwirkung" der *stille* des Weisen trägt rationelle Züge und verfolgt – wenn auch noch mit magischer Tönung – ein konkretes politisch-soziales Ziel: die Aufhebung der Tabus, der Anwendung von Waffengewalt, der Anhäufung von Schätzen und Reichtümern (die das feudalistische System und seine soziale Struktur der Hierarchie der *namen* stützen) und der Gesetze (die der Ordnung des Dau eine Ordnung der Fürsten entgegensetzen).
Die Rückführung der Menschen in das Idealreich der *unverdorbenheit* geschieht also durch eine „Regierung", deren

erster und vornehmster Grundsatz *stille* ist und die somit auch nicht mehr als Regierung im üblichen Sinn bezeichnet werden kann. Korrelate dieser Stille sind „Tatenlosigkeit" (die das Tun von *überflüssigem* ausschließt) und „Selbstvergessenheit" (die auch das Selbst ausschließt – oder, besser gesagt, das Selbst in das Kraftfeld des Dau *nach regel und maß* in die natürliche Ordnung des Großen Stammes wieder mit einbezieht, vgl. auch Kap. 48).

Kapitel 58:

Aus dem vorhergehenden Kapitel erklärt sich auch, warum diese anzustrebende Form der „Regierung" (nach den üblichen Maßstäben betrachtet) *schwerfällig* erscheinen muß. Sie bemüht sich, den Menschen das *wissen* (um die *namen* – Differenzierungen, also auch soziale Ungleichheit) zu nehmen (vgl. Einleitung S. 27 ff.). Die Antithese dieser Regierungsform ist die Herrschaft der Feudalherren und ihrer Diener, der „Weisen", die *scharfäugig* den *namen*, den Differenzierungen, dem Augenblicksvorteil, den Mitteln und Möglichkeiten zur Festigung ihrer Machtposition nachspüren. In einer in Herr und Knecht gespaltenen Welt werden diese *namen scharfäugig* behütet, was eine entsprechende Reaktion im Volk auslöst, das nun seinerseits *arglistig* wird. Jedes *glück*, jeder momentane Vorteil, der so erzielt wurde, fordert jene, die durch das Glück des einzelnen oder einer Gruppe in der differenzierten Gesellschaft zu Schaden kommen, heraus, nun ihrerseits *arglistig* zu werden. Daher ist ein so erworbenes Glück nicht beständig; es birgt die Keime kommenden Unglücks. Die Kette von alternierendem *glück* und *unglück* scheint endlos zu sein, da die Menschen *seit langem schon irre* gehen. Für das Verständnis der letzten Strophe ist anzuraten, das Kap. 45 noch einmal zu lesen. Die Paradoxa *das geradeste gleicht dem krummen* usw. werden nun verständlicher: der Weise versucht nicht, „Scharfäugigkeit" mit gleichen Mitteln zu begegnen, sondern verläßt sich auf die umgestaltende Macht seiner *reinen stille*, die freilich von den Regierenden nicht verstanden oder mißverstanden wird.

Kapitel 59:

Der Gedanke der Kargheit ist das positive Korrelat zu dem Vermeiden des *überflüssigen*. Denn durch sie bleibt das eigene Wesen dem Dau erhalten. Es verausgabt nicht sein De im Streben nach *überflüssigem*. Der Kommentator Lü Hue-tsching schreibt zu diesem Kapitel: „Wenn der Mensch geboren wird, so hat er freilich genügend De. Wenn er sich nun wirklich karg verhält und (dem Dau) früh folgt, so nimmt sein De Tag für Tag zu ... Wer das höchste Ausmaß an De besitzt, dem kann nichts mehr etwas anhaben, nichts in der Welt kann ihn überwinden. Kann es da noch etwas geben, das ihm zu widerstehen vermag! Da ihm nichts zu widerstehen vermag, ist auch niemand fähig, (seine volle Größe) auszumessen (er wirkt endlos wie das Dau). So kann er die Dinge als Dinge sehen (und sie zu ihrem eigenen Vorteil nutzen), ohne selbst von den Dingen als Ding angesehen zu werden" (er wirkt in *reiner stille,* bringt „Belehrung ohne Worte": dieser Satz ist ein Zitat aus dem Buch „Dschuangdse", Kap. 20). Da Mikrokosmos und Makrokosmos, Menschenwelt und Natur, Dienst am Gemeinwesen und Dienst im kosmischen Bereich in der Vorstellung des Großen Stammes zusammenfallen oder zumindest aufs engste miteinander verbunden sind, dient folglich das Speichern des De im Einzelwesen (vornehmlich in der Person des Priester-Häuptlings oder des Weisen) sowohl der *menschenordnung* wie auch den kosmischen Kräften und Erscheinungen (vornehmlich dem Wachstum, der Fruchtbarkeit, den Jahreszeiten und Gestirnen) – ist also zugleich *himmelsdienst*.

Kapitel 60:

Zu den ersten zwei Zeilen schreibt der Kommentator Hoschangung („Alter Mann am Fluß": sein Name ist unbekannt; ein Eremit, der in der ersten Hälfte des 2. Jahrhunderts v. u. Z. gelebt haben soll): „Wenn man einen kleinen Fisch brät, werden die Eingeweide und Schuppen nicht entfernt, da man befürchtet, durch eine so rohe (störende) Behandlung den Fisch zu zerquetschen." Die Bedeutung dieser zwei Zeilen, die als sprichwörtliche Redensart in der Literatur Chinas später häufig verwendet wurden (so in der „Geschichte der späteren Han-Dynastie", den „Aufzeichnungen über die ‚Drei Reiche'" usw.) ist zweifellos vielschichtig. Nach der Vorstellung der organischen Zusammengehörigkeit des Großen Stammes wirken die gleichen Gesetze in allen Sphären und Erscheinungen des Universums, woraus sich auch ihre gegenseitige Abhängigkeit und die Möglichkeit störender oder fördernder Wechselwirkungen erklärt. Dschuangdse illustriert diesen Gedanken in sehr drastischer Weise: „Dungguodse fragte einst Dschuangdse: ‚Wo ist denn dieses sogenannte Dau?' Darauf erwiderte Dschuangdse: ‚Es gibt nichts, wo es nicht ist.' ‚Ich möchte, daß ihr das näher erklärt', bat Dungguodse. Darauf Dschuangdse: ‚In der Ameise.' ‚Wieso ist es denn in einem so niederen Wesen?' ‚Es ist im Hirsegras', entgegnete Dschuangdse. ‚Wieso denn in einem noch niedereren Ding?' ‚Es ist im Dachziegel', erwiderte Dschuangdse. ‚Wieso denn in einem noch geringeren Ding?' ‚Es ist im Kot und Urin', fuhr Dschuangdse fort..." („Dschuangdse", Kap. 22). In einer anderen Passage erzählt Dschuangdse, wie König Hue von Liang (Wenhuedschün), verblüfft über die Virtuosität, mit welcher sein Koch im Handumdrehen einen ganzen Ochsen zerlegte, nach dem Grund seiner ungewöhnlichen Geschicklichkeit fragte und darauf zur Antwort erhielt: „Euer Untertan ist dem Dau ergeben, und das führt über die (gewöhnliche) Handwerkskunst hinaus..." Sodann erklärt er dem König, daß er nach drei Jahren seiner Tätigkeit den Ochsen nicht mehr als Ganzes (eine in sich geschlossene Einzelerscheinung), sondern gleichsam als allgemeingültige strukturelle Daseinsform erkannt habe, so daß sein Messer, ohne auf Widerstand zu stoßen und abgestumpft zu werden, den Hohlräumen (vgl. Kap. 11) zwischen den Muskeln und Sehnen frei folgen konnte. „Nunmehr aber", so fährt er fort, „sehe ich den Ochsen gar nicht mehr mit dem Auge, sondern begegne (seiner Wesenheit) im Geiste..." („Dschuangdse", Kap. 3).

Derartige parabel- oder anekdotenhafte Histörchen bilden einen wesentlichen Bestandteil der dauistischen (und später in ähnlicher Form auch der Zen-) Literatur. Ihnen allen gemeinsam ist das tiefe Gefühl der organischen Verbundenheit alles Seienden und die Vorstellung, daß alle Erscheinungen den gleichen Gesetzen gehorchen. Wer diese kosmische Gesetzmäßigkeit einmal begriffen hat, ob nun als Koch oder König, der ist somit in der Lage, allen Dingen und Erscheinungen „im Geiste" zu „begegnen". So schließt auch die eben zitierte Passage aus dem Buch „Dschuangdse" mit dem bewundernden Ausruf des Königs: „Ausgezeichnet, wahrhaftig! Ich habe die Worte eines Kochs vernommen und daraus (das Gesetz zur) Erhaltung des Lebens gelernt." Die ersten zwei Zeilen des Kap. 60 sind also in einem doppelten Sinn zu verstehen: Wer einen kleinen Fisch nach dem Gesetz des Dau zu braten vermag, muß auch imstande sein, den *großen staat* zu *regieren*; denn Koch und König üben zwar verschiedene Funktionen innerhalb des Großen Stammes aus, aber trotz aller äußeren Unterschiede wirken sie in ihrer respektiven Sphäre nach einem inneren Gesetz – sie müssen dem *einen* gehorchen (vgl. Kap. 39); zugleich ist auch die eingangs erwähnte Deutung Hoschangungs sicher zutreffend; sie beleuchtet eine Facette eines Begriffskomplexes: weder ein kleiner Fisch noch ein großer Staat dürfen zerstückelt (differenziert) werden, wenn man sie nach *regel und maß* behandeln will.

Wir haben in der Einleitung (S. 9) von der ambivalenten Einstellung gegenüber den Geistern der Toten gesprochen. Ist das magische Kraftfeld gestört (was nach alten Vorstellungen meist durch ungenaue Befolgung des Rituals geschieht), so treten auch Veränderungen in der Wirkungsweise des Totems und der Ahnengeister ein. Ihre Zauberkraft, ihr „Mana", wird in unkontrollierter und unkontrollierbarer Weise freigesetzt und *stört die menschen*. Was für den Primitiven das Ritual, die magische Beschwörung war, ist für den Autor des Daudedsching zum Dau geworden.

Daß auch der Weise nicht mehr die Menschen stört, wenn das Reich *nach dem Dau gelenkt* wird, ist in einem doppelten Sinn zu verstehen. In der alten chinesischen Literatur und so auch im Daudedsching wird der Weise „heiliger Mensch" genannt, ein konventionell erstarrter Ausdruck, in dem sich aber der ursprünglich sakrale Charakter des *weisen* noch deutlich erkennen läßt. Wir wissen aus der vergleichenden Anthropologie, daß alles Sakrale sowohl segenspendend wie auch gefahrbringend sein kann. So hat ja auch das Wort „sacrum" im Lateinischen die Doppelbedeutung von „heilig" und „fürchterlich" bzw. „verflucht". Segen und Fluch liegen im sakralen Wesen und Objekt immer nahe beieinander. In einer dem Dau zuwiderlaufenden Welt verwandelt sich die „weiße Magie" des Weisen gleichsam in „schwarze Magie". Sein Wissen um geheime Kräfte wird nicht mehr im Sinn der Gemeinschaft, sondern für persönliche Zwecke oder Gruppeninteressen ausgenützt. Solche Vorstellungen sind sicher in der Zeile *auch der weise stört nicht mehr die menschen* impliziert. Der Doppelsinn der Zeile ist aber explizit so zu verstehen, daß der Weise nicht-dauistischen Typs, der „Weise" als willfähriges Instrument der *großen räuber,* in einer Welt, die zur *urtiefen gemeinsamkeit* (vgl. Kap. 56) zurückgefunden hat, sein *wissen* eben nicht mehr im Interesse der Feudalherren und zum Schaden des Volkes gebrauchen darf und kann (vgl. Kap. 3 und 19).

Dem Autor des Daudedsching scheint jedoch auch noch die sehr alte und sehr allgemeine Vorstellung vorgeschwebt zu haben, daß das De der Ahnen und überdurchschnittlicher Menschen eine besondere Wirkkraft besäße. Daher verkündet er nicht nur das Ende der störenden Zauberkraft der *totengeister* und Weisen in einer dem Dau gemäßen Welt, sondern betont auch die Möglichkeit einer positiven Wirkung ihres De, wenn es *fließt... gemeinsam zurück ins Dau.*

Kapitel 61:

Hier behandelt der Autor eine brennende Frage seiner Zeit: das Verhältnis der großen und kleinen Staaten zueinander in der Periode der Annexion und wechselnden Hegemonialansprüche der mächtigsten Fürstentümer, die den fortschreitenden Zerfall des Dschou-Reichs begleiteten und die Tendenz zu einer neuen Reichseinigung erkennen ließen. Wir sehen hier das dauistische Prinzip der Streitlosigkeit sozusagen in Aktion – in seiner Anwendung auf ein aktuelles politisches Problem. Die Haltung, die der Autor sowohl den großen wie auch den kleinen Staaten empfiehlt, wird, abgesehen von dem uns bereits bekannten und hier nur variierten Wassergleichnis (vgl. Kap. 8), vor allem durch das Gleichnis vom *weiblichen* charakterisiert. Es handelt sich dabei sicher um mehr als nur die empfangende, *durch stille* sich herabsetzende Verhaltensweise des Weibes; das *weibliche* ist für die Dauisten ein Symbol der schöpferischen Kraft (vgl. Kap. 6), des generativen *nichtseienden*, das dem *seienden* erst Nutzen bringt (vgl. Kap. 11, 40). Die Passivität, die der Verfasser empfiehlt, ist daher kaum als absorbierendes Vakuum, sondern vielmehr als transformierende *reine stille* zu verstehen. Ein so hohes Ideal mußte freilich an den scharfen Kanten der Wirklichkeit zerschellen. Daß der Verfasser an dem utopischen Charakter seiner politischen Lehren nicht ganz vorbeisehen konnte, bestätigt er selbst in Kap. 70.

Kapitel 62:

Daß das Dau *schatz dem guten* und zugleich *schutz dem bösen* sein kann, scheint den Grundprinzipien der dauistischen Lehre zu widersprechen. Und es widerspricht ihnen tatsächlich. Wir haben in der Einleitung die Genesis des Dau aufzuzeigen versucht. Dabei sahen wir, daß sich der Begriff Dau in einer langen Entwicklungsreihe vom primitiven magischen Ritual, von der Beschwörungsformel, allmählich zu einem mehr oder minder abstrakten philosophischen Terminus umwandelte, der jedoch selbst noch im Sprachgebrauch der „Hundert Schulen" seine ältere magische Bedeutung nie ganz abwerfen konnte. In der letzten Strophe dieses Kapitels greift der Verfasser eben auf jene uralte und in Reminiszenzen noch weiterlebende und weiterwirkende Vorstellung vom Dau als magische Potenz zurück, die dem Menschen eine sein tatsächliches Leistungsvermögen weit übersteigende Einflußnahme innerhalb seines Universums zu verleihen schien. In dieser Vorstellungswelt schien es dem Menschen, als ob der rechte Gebrauch des magischen Rituals ihn mit dem von ihm getöteten Tier (bei Ackerbauern die „getötete", abgeerntete Pflanze: der Vegetationsgeist) wieder zu versöhnen vermöge. L. Frobenius berichtet von jenen „vom Plateau in die Zufluchtsorte des Kongo-Urwaldes verdrängten Jägerstämmen, die als Pygmäen berühmt geworden sind", daß sie, wie er selbst beobachten konnte, vor der Jagd das Bild einer Antilope auf den geebneten Boden zeichnen und einen Pfeil auf das Bild abschießen. In dem von ihm beschriebenen Fall (Kulturgeschichte Afrikas, Wien 1933, S. 127) wurde bei der Jagd die Antilope tatsächlich durch einen Schuß in ebendieselbe Stelle (in den Hals) erlegt, in der der „rituelle" Pfeil auf dem vor der Jagd angefertigten Bild steckte. Nach der Jagd aber kehrten sie zu dem Bild der Antilope mit „einigen Haarbüscheln und einer Fruchtschale voll Antilopenblut" zurück und zogen den „rituellen" Pfeil wieder heraus. So wirkt das magische Ritual, um das, „was man wünschte", zu erhalten und, „war man schuldig, der Strafe zu entgehen".

Die Ideenwelt des Verfassers des Daudedsching kann freilich nicht den magischen Vorstellungen primitiver Jägerstämme gleichgesetzt werden, aber Reste solcher und ähnlicher Vorstellungen pflegen sich mit einer ungewöhnlichen Hartnäckigkeit zu erhalten – und nicht nur in China; selbst die bis heute noch von allen christlichen Konfessionen sehr ernst genommene Eucharistie ist nicht ganz frei davon.

Das Dau als kosmisches Prinzip, als ein von Mystik und Magie umwobener philosophischer Begriff, wie wir ihn bisher kennengelernt haben, ist *schatz dem guten*. Das Dau in seiner älteren und vulgären Bedeutung besitzt aber noch jene magische Potenz, die bewirkte, daß *bei den alten das Dau so hoch angesehen war*. In diesem Sinn besteht auch kein Grund, warum dieses Dau *verworfen werden* sollte von den *schlechten*. Dem rituellen Formelkram nachgebildete *schöne reden* lassen sich leicht auf den Markt bringen; und ein priesterlich-salbungsvolles ritualistisches *würdigtun* vermag den Menschen Schauer der Ehrfurcht einzuflößen, so daß sie sich willig *verknechten* lassen. Und welche Kostbarkeit auf Erden könnte einem *könig* und seinen höchsten Würdenträgern (den *drei ministern*) mehr Vorteile bringen als eben dieses Dau, das ihnen alle Wünsche erfüllt und als *schutz dem bösen* dient!

Der Sinn dieses Kapitels ist also nur zu verstehen, wenn wir uns der Doppeldeutigkeit des Begriffs Dau im Kontext bewußt geworden sind. Das Dau als *bewahrer aller dinge* kann den *wahrhaft weisen* hoch über die Scheinwelt der *namen* erheben und als Agens des kosmischen Wirkens befähigen, die Menschen wieder zur Unverdorbenheit zurückzuführen. Als magische Potenz hingegen vermag es, eben in dieser Welt der *namen*, deren Trägern und Verfechtern einen

ungeheuren Kraftzuwachs zu geben und somit der Verdorbenheit Vorschub zu leisten.
Wieviel ist hier Persiflage, bittere Kritik oder Ausbruch tiefster Empörung? Wieviel ist halb oder wirklich ernst gemeint? Eine befriedigende Antwort auf diese Fragen kann kaum gegeben werden. Doch scheint die geistige Haltung, die diesen Zeilen zugrunde lag, alle diese Komponenten einzuschließen. Was der rationellen Einsicht damals kaum noch als glaubwürdig erschienen sein dürfte, mochte im Unterbewußtsein und im Gefühlsleben immer noch eine nicht unbedeutende Rolle spielen. Und wie viele abergläubische Verhaltensweisen sind – oft belächelt und doch meist ängstlich befolgt – auch noch im Menschen des 20. Jahrhunderts wirksam geblieben!
Es scheint an dieser Stelle notwendig, noch einmal die Frage der Vorstellungen der frühen Dauisten hinsichtlich der Begriffe Gut und Böse aufzuwerfen. Das Dau war in ihrer Philosophie keine ethische Kategorie. Als undifferenzierte Einheit konnten in ihm noch keine sich wechselweise bedingenden und bestimmenden Gegensätze auftreten. Auch die höchsten Manifestationen des Dau, Himmel, Erde und der Weise, kennen keine *güte*, aber auch keine Schlechtigkeit. Sie wirken selbstlos nach einem Gesetz, das den gesamten Großen Stamm umfaßt und keine Bevorzugung oder Benachteiligung kennt (vgl. Kap. 5). Vom Dau aus gesehen gibt es unter den Dingen keinen Unterschied zwischen hoch und niedrig („Dschuangdse", Kap. 17). Daher sind im Sinne des Dau die „Ameise", das „Hirsegras", der „Dachziegel" sowie „Kot und Urin" durchaus keine niederen Dinge (vgl. Anm. zu Kap. 60). Sie sind für das Dau weder *schön* noch *häßlich*, weder *gut* noch *böse* (vgl. Daudedsching, Kap. 2). Vom Standpunkt der Dinge aus betrachtet, schreibt Dschuangdse, schätzen sich die Dinge selbst für hoch und in Relation zu sich selbst alle übrigen als niedrig ein („Dschuangdse", Kap. 17). Die Wertung des Eigenwesens und der Umwelt, die vom Dau aus gesehen lediglich ein Schein- oder Vorurteil sein kann, setzt demnach das Bewußtwerden der Selbstheit, Ich-Bezogenheit, die Loslösung des Selbst, der Gattung oder Gruppe aus der Gesamtheit des Großen Stammes voraus. Die Schau *in aller dinge geheimnis*, der Erkenntnisprozeß der frühen Dauisten, ging natürlich in um-

gekehrter Reihenfolge vor sich. Sie erkannten zuerst die „Häßlichkeit" der Feudalordnung und das *böse* in den Feudalherren, waren also durchaus „parteilich" und – im Sinne des Dau – auch keineswegs vorurteilsfrei. Auf dem Umweg über die Beseitigung der *namen*, durch Überbetonung der Relativität alles Seienden und mit Hilfe des Paradoxons negierten sie das *häßliche* und *böse* in der Undifferenziertheit des Dau, was allerdings nicht geschehen konnte, ohne auch das *gute* und *schöne* zu negieren. Daß diese „im Geiste" vollzogene Auflösung aller Gegensätze der Wirklichkeit nicht standhalten konnte, zeigen die vehementen Angriffe gegen die *großen räuber* in Kap. 53 und die Bejahung des *friedvollen tuns* bzw. die Verdammung des Krieges in Kap. 31 des Daudedsching.

In ihrem Lebenswandel suchten die frühen Dauisten, die ja *belehrung ohne Worte* anstrebten, im Gegensatz zu dem „negativen Exempel" der *unguten* und *gewalttätigen* (vgl. Kap. 27 und 42) der Welt ein positives Exempel vor Augen zu führen. Und da sie sich subjektiv mit dem Dau identifizierten – und vom Dau aus gesehen *gut* und *böse* lediglich als Vorurteile in der verdorbenen Welt der *namen* ein Scheindasein führen konnten –, mußten sie in ihrem Lebenswandel „Selbstvergessenheit" (sozusagen die Imitation der „Selbstlosigkeit" des Dau) und „Vorurteilslosigkeit" demonstrieren. Im Buch „Dschuangdse" (Kap. 17) werden die Verhaltensnormen des Weisen folgendermaßen festgelegt: „In seinem Wandel tut der Große Mensch nichts, um andere zu schädigen; er rühmt sich nicht ob seiner Güte und der Wohltaten, die er vollbringt; in seinen Handlungen wirkt er nicht zu irgendwessen Vorteil; er verachtet nicht (Leute geringen Stands wie) Torwächter; er müht sich nicht um Gut und Geld; er betrachtet sein bescheidenes Nachgeben nicht als Tugend; in allem, was er tut, bittet er niemanden um Hilfe; in der Befriedigung seiner Bedürfnisse beansprucht er nicht mehr, als zur Erhaltung seiner Kräfte notwendig ist; er verachtet nicht die Habgierigen und Schmutzigen (Unredlichen); er unterscheidet sich in seinem Wandel von den Vulgären und ist doch nicht stolz auf seine Andersartigkeit; in seinem Tun richtet er sich nach der Menge, verachtet aber auch nicht die Glattzüngigen und Schmeichler (die nicht der Menge – dem Volk –, sondern den hohen Persönlichkeiten zu dienen bestrebt sind); weder Ehrentitel noch Reichtum vermag ihn zu bestechen; noch vermag ihn die beschämende Bestrafung mit dem Tode (vgl. Einleitung S. 31) zu beleidigen; er weiß, daß es keine Norm gibt, um Rechtes von Unrechtem zu unterscheiden; er weiß, daß es keinen Anhaltspunkt gibt, um etwas klein oder groß zu nennen. Ich habe gehört (im Text spricht der Gott des Nordmeers zum Gott des Huangho): ‚Der Mann des Dau macht nicht von sich reden; das höchste De ist anspruchslos, der Große Mensch ist selbstlos.' So erreicht er den Gipfelpunkt der Selbstbeschränkung."

In der letzten Strophe des Kap. 58 des Daudedsching wird die Verhaltensweise und Wirkungsweise des Weisen im großen und ganzen mit den Ausführungen Dschuangdses übereinstimmend dargestellt. Wichtig und interessant für uns ist die scheinbare Indifferenz, mit welcher die frühen Dauisten das *böse* behandelten. Selbst an Habgier, Unredlichkeit und Glattzüngigkeit schienen sie keinen Anstoß zu nehmen – Eigenschaften, die sie im Grunde genommen doch verdammen mußten und auch tatsächlich verdammten (vgl. z. B. Kap. 46 und 81).

Die Kriterien für *gut* und *böse* waren für die frühen Dauisten letztlich Selbstlosigkeit und Selbstsucht. Aber Selbstlosigkeit, konsequent zu Ende gedacht, würde zum Selbst zurückführen, wenn man seine eigene Selbstlosigkeit gegen die Selbstsucht der Selbstsüchtigen behaupten wollte. In dieser Zwickmühle wanden sich die frühen Dauisten hin und her. In den hohen Regionen philosophischer Spekulation versagten sie sich jede Stellungnahme gegenüber dem Bösen, das sie ja „im Geiste" aufgehoben hatten; aber wo auch immer sie mit dem *bösen* der Welt der *namen* in direkte Berührung kamen, waren sie zur Stellungnahme gezwungen. Hier half nur eine Theorie der Streitlosigkeit, der Gewaltlosigkeit, der *belehrung ohne worte* – in anderen Worten: eine Flucht zurück in die hohen Regionen der philosophischen Spekulation und Mystik.

Kapitel 63:

Die Gedanken der ersten zwei Zeilen begleiten uns gleichsam als Leitmotiv des Daudedsching seit dem 2. Kap. und

bedürfen daher keiner weiteren Erläuterung (vgl. insbesondere Kap. 9, 43, 47, 48).
Die dritte Zeile scheint neben ihrem offenkundigen Sinn – nämlich nicht des Genusses, sondern der Notwendigkeit halber zu „schmecken" – noch einen tieferen Sinn in sich zu bergen. Im Kap. 35 heißt es: *doch fade schmeckt das Dau*. Man muß also die Begehrlichkeit abtun, um das Dau „schmecken" zu können. Dieser Gedanke wird schon im ersten Kapitel klar ausgesprochen: *immer begehrlos und schaubar wird der dinge geheimnis; immer begehrlich und schaubar wird der dinge umrandung*.
Über die Deutung der vierten Zeile wurden von den Kommentatoren sehr unterschiedliche Vermutungen ausgesprochen. So schreibt Wang Bi: „Wenn es sich (nur) um ein geringes Übelwollen handelt, so besteht nicht genügend Grund, es zu vergelten; handelt es sich um ein großes Übelwollen, so verlangt die ganze Welt danach (den Übelwollenden) zu töten. Wer dem folgt, was die gesamte Welt gemeinsam (wünscht), (besitzt) De." Wang Bi faßt also die Zeilen vier und fünf als zusammengehörend auf. Denn was wir in der Übersetzung mit *güte* wiedergaben, heißt im Original „De". Nun fällt aber ebenso wie im Kap. 54 auch in der vierten Zeile des Kap. 63 auf, daß das Wort „De" einen deutlich spürbaren konfuzianischen Beigeschmack angenommen hat: in beiden Fällen kann es nur als „tugendhaftes Verhalten" (in Kap. 63 mehr im Sinn von „Güte" als Antonym zu „Übelwollen") verstanden werden. Und ebenso wie in Kap. 54 finden wir auch für diese Zeile eine verdachterregende Parallele in den „Gesprächen" (Lunyü) – in einem konfuzianischen Werk! Dort lesen wir: „Jemand fragte (Konfuzius): ,Was haltet Ihr von dem Prinzip, daß man Übelwollen mit Güte vergelten soll?' Der Meister erwiderte: ,Und womit sollte man dann Güte vergelten? Übelwollen muß mit Gerechtigkeit und Güte mit Güte vergolten werden.'" (Lunyü XIV, 36.) Der berühmte Gelehrte und Reformer der späten Tsching-Zeit Kang Yo-we (1858–1927) vertritt in seinem Werk „Untersuchungen über die Reformbestrebungen des Konfuzius" die Ansicht, Konfuzius hätte diese Gedanken von „Laudse" geborgt. Wahrscheinlich war „Übelwollen mit Güte (De) vergelten" damals bereits eine sprichwörtliche Redensart, die sowohl von den Konfuzia-

nern wie auch von den Vertretern der dauistischen Schule und anderer Schulen gebraucht werden konnte. Und dennoch scheint der Gebrauch des Worts De in dieser Bedeutung und in diesem Zusammenhang lexikalisch und semantisch dem Text des Daudedsching – als Ganzes gesehen – zu widersprechen. Darum auch die offensichtlich an den Haaren herbeigezogene Interpretation Wang Bis. Die *güte* wird im Daudedsching abgelehnt – soweit es sich um die „Güte" der Konfuzianer und anderer dem Ritualismus huldigender Strömungen handelt. Wo aber im Daudedsching von *gutem* gesprochen wird, finden wir nicht das Wort „De", sondern das Wort „Schan" (so in Kap. 49 u. a.), das quasi als Synonym oder Korrelat des dauistischen Begriffs der „Selbstvergessenheit" gebraucht wird. Nach Su Tsches (s. Anm. zu Kap. 1) Auffassung wäre die vierte Zeile folgendermaßen zu verstehen: „Der Weise setzt das Große dem Geringen gleich und hält Viel und Wenig für ein und dasselbe..." Beide bereits angeführten Deutungen bieten kaum eine Möglichkeit, diese Zeile mit dem übrigen durchaus einheitlichen Gedankengehalt des Kapitels in Zusammenhang zu bringen. Darum scheint die Interpretation Dschu Tschien-dschis, auf die sich unsere Übersetzung stützt, dem Tenor dieses Kapitels (und auch des nächsten) sinngemäß viel besser zu entsprechen. Denn der Grundgedanke, der in diesen beiden Kapiteln anschaulich entwickelt wird, ist: der Weise soll die Dinge und Geschehnisse in statu nascendi erkennen und richtig einschätzen, um dem Dau zuwiderlaufende Ausartungen um- und in die dem Dau gemäßen Bahnen zurücklenken zu können. Nur indem er *nichts leichtnimmt,* vermag er selbst *tatenlos* zu bleiben, da er die schwerwiegenden Folgen eines Abweichens vom Dau rechtzeitig erkennt und im Sinne des Dau beeinflussen kann. Damit erhält er den Dingen ihr De und handelt nicht der Natur zuwider, sondern im Sinne der Natur – des Dau –, und zwar ohne zu gewaltsamen Eingriffen gezwungen zu werden, da er ja für *schweres* sorgt, *solang es leicht ist.* Er müht sich also um Geringes, um Dinge, die noch in der Anfangsphase der Entwicklung stecken, und indem er sie beizeiten im Sinne des Dau lenkt, *vermag er großes zu schaffen.*

Diese Gedanken sind uns bereits aus dem Kap. 36 bekannt. Dort allerdings erscheinen sie als Grundregeln einer prak-

tischen Verhaltensweise (vgl. Anm. zu Kap. 36). Im Kap. 52 (dritte Strophe) hingegen finden wir die gleichen Gedanken verwoben mit Vorstellungen der mystischen Innenschau und der magischen Unverletzbarkeit des Weisen. *Erkennen, eh sich die dinge geklärt* und *im keime erkennen, das nenn ich erhellt sein* (Daudedsching, Kap. 36 und 52) sind Gedanken, die in der Literatur des chinesischen Altertums (und auch noch viel späterer Zeiten) häufig anzutreffen sind. So lesen wir im „Buch der Wandlungen" (Hsici II, 5): „... der höhere Mensch nimmt geringfügiges (Anzeichen) wahr und handelt (sogleich danach), ohne zu warten, bis der Tag vergangen ist (ohne die Dinge voll ausreifen zu lassen) ... Der höhere Mensch nimmt das Unscheinbare (noch Kleine und schwer Erkennbare) wie auch das Offenbare wahr..."
Es handelt sich also hier um Vorstellungen, die auf einer alten und ehrwürdigen Tradition beruhen und geistiges Gemeingut waren. Vom Weisen, vom „höheren Menschen" verlangte man ebenso wie vom Priester-Häuptling und Schamanen, daß er durch „Innenschau" oder andere magische Praktiken Einsicht und Voraussicht hinsichtlich des Ablaufs des natürlichen und gesellschaftlichen Geschehens besitze. Für die Philosophen der späten Dschou-Zeit rationalisierte sich diese „Innenschau" bis zu einem gewissen Grad in Vorstellungen eines zyklisch gedachten Universums, dessen raumzeitliche Interrelationen sie als Gesetzmäßigkeiten erkannt zu haben und zu beherrschen meinten. Dabei verschwammen ältere magische Vorstellungen und mystische Spekulationen sehr oft mit wirklichen Erkenntnissen, die auf Beobachtung natürlicher und gesellschaftlicher Vorgänge beruhten.
Eine offene Frage bleibt: Ist die Zeile 5 eine Interpolation oder wurde dieser lexikalische und semantische Fremdkörper mit Absicht vom Verfasser in dieses Kapitel eingefügt?

Kapitel 64:

Was wir über das vorhergehende Kapitel gesagt haben, mag im allgemeinen auch als Erläuterung für dieses Kapitel gelten (vgl. ferner Kap. 36 und 52).
In der neunten Zeile wird von einem *neunstöckigen turm* gesprochen. Die Zahl Neun war eine magische Zahl. Man

stellte sich den Himmel als ein in neun Stufen oder Schichten gegliedertes Gebilde vor; und diese Gliederung in „Neun" erstreckte sich ebenso auf die Erde, auf die Ämter oder Ministerien des Königshauses usw.; auch die Tschü Yüen (s. Anm. zu Kap. 10) zugeschriebenen Schamanenlieder heißen bezeichnenderweise „Neun Gesänge". Die Könige und Fürsten, die sich irdische Vertreter des Himmels dünkten und die höchste Stufe der Hierarchie des Himmels für sich beanspruchten, bauten daher mit Vorliebe neunstöckige Türme, die den Himmel symbolisierten und damit zugleich auch die Himmelsnähe und Macht des Herrschers dem Volk deutlich vor Augen führen sollten.

Zur vierten Zeile von unten siehe Kap. 19 und 48, ferner Kap. 71 und 81 dritte Strophe.

Über den Sinn der letzten drei Zeilen siehe Anm. zu Kap. 16 und Einleitung S. 22 ff.

Im 11. Kap. des Buchs „Dschuangdse" hält der „Urstoff" dem „Marschall der Wolken" folgende Rede: „Wohlan, so hüte dein Herz! Wenn du nur im Bereich des Nicht-Tätigseins verbleibst, so werden sich die Dinge selbst wandeln. Gib auf dein Eigenwesen, spei aus deine Klugheit, und die Anschauungsformen werden zugleich mit den Dingen vergessen sein. Eine große Gemeinsamkeit (der Große Stamm in älteren Vorstellungen) wird erstehen in naturhafter Einheit. Lös auf dein Herz, setz frei den Geist, sei seelenlos und gleichmütig, und von der zahllosen Vielfalt der Dinge wird jedes zurückfinden zur Wurzel, zurückfinden zur Wurzel ein jedes und doch nichts wissen davon. Geborgen in natürlicher Einheit werden die Dinge sein und sie nimmer verlieren ihr Leben lang. Doch wenn sie davon wissen, so werden sie sie verlieren. Frag nicht nach ihren Namen, erkunde nicht ihre Daseinsweise, und die Dinge werden von selbst gedeihen." Diese Passage mag zusätzlich als Kommentar zu den letzten Zeilen des Kap. 64 dienen. Vergleiche auch Kap. 16, 49, 56.

Kapitel 65:

Die in Anm. zu Kap. 64 zitierte Passage aus dem Buch „Dschuangdse" bietet uns auch einen wichtigen Anhalts-

punkt für das Verständnis dieses Kapitels. Dort heißt es:
„... von der zahllosen Vielfalt der Dinge wird ... zurückfinden zur Wurzel ein jedes und doch nichts wissen davon ... Doch wenn sie (die Dinge) davon wissen, so werden sie sie (die natürliche Einheit) verlieren." Der Grund, warum die frühen Dauisten nicht *den sinn des volkes* zu erhellen suchten, sondern offen ihre Absicht aussprachen, *es zu verdummen,* liegt in dem doppelten Sinn und paradoxen Gebrauch des Begriffs *wissen* in ihren Schriften. Wir haben bereits in der Einleitung (S. 27) und in Anm. zu Kap. 56 darauf hingewiesen, daß sie zwischen zwei Arten des Wissens unterscheiden: einem differenzierenden Wissen (das durch die Erkenntnis des *guten* und Nützlichen die Menschen dazu verleitet, *böses* und *überflüssiges* zu tun), das sie ablehnen; und ein Wissen um das *eine,* um die Einheit des Großen Stammes im Dau (das philosophisch und sozial *gut* und *böse* in der *ursprünglichkeit* oder *unverdorbenheit* der *urtiefen gemeinsamkeit* auflösen und so zum Vermeiden alles *überflüssigen* führen soll), das sie als Quintessenz ihrer Lehre emphatisch bejahen. Da die frühen Dauisten zwischen zwei Arten des Wissens unterschieden, mußten sie folglich auch in ihrer Bewertung des Nichtwissens, der „Dummheit", entsprechend differenzieren. So lesen wir auch im Kap. 45 des Daudedsching, daß *das geschickteste dem dummen* gleicht. Auch hier also eine Umwertung der Werte, die somit die scheinbare Verdummung (das Zurückführen zur *wurzel*) der wirklichen „Dummheit" (das Verhaftetsein in der Welt der *namen* und die Hingabe an das *überflüssige*) als Erhebung des Menschen vom *unverständigen* oder *mittelmäßigen* (vgl. Kap. 41) zum *wahrhaft weisen* gegenüberstellte. Im 2. Kap. seines Werks untermauerte Dschuangdse erkenntnistheoretisch die dauistische „Verdummungs"-Lehre, indem er die Relativität jeder Behauptung zu beweisen suchte. Alle Ansichten, Meinungen und Äußerungen bedingen sich gegenseitig als das Resultat ich-bezogener und somit begrenzter Erkenntnismöglichkeiten. Sie beruhen auf Vorurteilen, die nur in der beschränkten Sicht des ich-bewußten Einzelwesens oder einer Gruppe von Individuen als Vertreter eines gemeinsamen Interessenkomplexes (wie die Konfuzianer oder die Schule des Modse) objektiv begründet zu sein scheinen. Selbst Tod und Leben können nicht negativ

bzw. positiv eingeschätzt werden, da sie sich zwar gegenseitig bedingen, aber zugleich wiederum gegenseitig aufheben, indem aus Abgestorbenem neues Leben entsteht und umgekehrt. In dem ewig dahinströmenden Fluß der Erscheinungen eine feste und bestimmende Position beziehen zu wollen, kann demnach nur zur willkürlichen Herauslösung irgendeines dem Ich oder der Gruppe so oder anders erscheinenden Vorgangs innerhalb eines Gesamtprozesses führen, dessen Sinn und Wert ja doch nur aus seiner Gesamtheit erfaßt werden kann. Und da das Individuum nur ein Teil dieser Gesamtheit ist, „folgt der Weise keinerlei Urteil und beleuchtet alles im Lichte des Himmels (der Natur)". Damit hat Dschuangdse den „mittleren Pfad" des buddhistischen Philosophen Nagarjuna (um 125 u. Z.) betreten, der in seiner „vierfachen Weise der Beweisführung" den Standpunkt des „Weder-Noch" als höchste Wahrheit postulierte. Wäre die dauistische Philosophie nicht so tief durchdrungen von dem rhythmischen und zyklischen Lebensgefühl, das den Menschen des alten China organisch in das Universum einbezog, so könnten wir hier von Agnostizismus, zumindest Skeptizismus im Sinne unserer philosophischen Begriffe sprechen. Aber trotz aller scheinbaren Verstandeskühle überwog bei den dauistischen Philosophen das Gefühl der organischen Verbundenheit mit dem Großen Stamm, der Geborgenheit im Rhythmus des bäuerlichen Jahreszyklus bei weitem den Hang zur logischen Abstraktion. Ja, alle ihre Bemühungen, logisch fundierte Beweise gegen den kulturellen Fortschritt und für den Widersinn der Welt der *namen* zu finden, dienten letztlich doch nur der Bestätigung dieser Weltanschauung, dieses rhythmisch-zyklischen Lebensgefühls, das sie gegen *das Dau des menschen* als *das Dau des himmels* (vgl. Kap. 77) in einer rationalisierten Form zu verteidigen suchten. So steht über jenem Weder-Noch das „Licht des Himmels", in dem der Mensch, seinem *Hsüen De* folgend, sich selbst und zugleich sein Universum ausmißt, um wieder eins zu werden mit dem *einen*. Dazu aber bedarf es nicht eines differenzierenden, sondern eines integrierenden Wissens.
Im 10. Kap. schildert Dschuangdse mit den gleichen Worten wie im Daudedsching (Kap. 80 – die letzten neun Zeilen) die ideale Ordnung der menschlichen Gesellschaft, wie sie

angeblich zur Zeit der legendären Herrscher Yungtscheng, Dating, Bohuang usw. bestanden haben soll. Sodann fährt er fort zu zeigen, wie „in der ganzen Welt große Verwirrung entsteht, wenn die Herrscher nach Wissen streben und nicht das Dau besitzen". Wenn sich nämlich unter den Menschen das Wissen ausbreitet, wie man Bogen, Armbrust, Netze, Schlingen, Fallen und dergleichen Geräte mehr anfertigt und gebraucht, so geraten Vögel, Fische und die Tiere der Wälder und Berge in Verwirrung, bis sich schließlich der Mensch durch Gedankengaukeleien selbst verwirrt. „Daher trägt die Schuld an jeder großen Wirrnis in der Welt das Streben nach Wissen. Denn alle wissen nur das zu erstreben, was sie nicht wissen, und wissen nicht das zu erstreben, was sie bereits wissen (ihr De); alle wissen nur zu verneinen, was sie nicht (mehr) vermögen (ihrem De entsprechend zu leben), und wissen nicht zu verneinen, was sie bereits vermögen (differenziertes Wissen). So kommt es zu gewaltigen Verwirrungen. Die Helle der Sonne und des Mondes wird gestört, die Wachstumskraft der Berge und Flüsse erschöpft sich, die Abfolge der Jahreszeiten wird gehemmt, selbst kleinwinzige Wesen wie Würmer und Käfer (vgl. Anm. zu Kap. 16) büßen ihr natürliches Wesen ein. Schlimm, wahrhaftig, ist die Verwirrung der Welt, heraufbeschworen durch den Drang nach Wissen!..." Wir verstehen nun, warum: *wer wissenfördernd einen staat regiert, begeht an seinem staate raub.* Und nicht allein ein Räuber an seinem Staat ist er, denn in der mikro-makrokosmischen Interrelation von menschlichem Tun und kosmischem Geschehen wirken sich der „Drang nach Wissen" (nach differenzierendem Wissen) und die daraus resultierenden Handlungen störend auf das gesamte Universum aus.

Kapitel 66:

Das Wassergleichnis des Kap. 8, wo es sowohl das Dau als auch den Weisen umfaßt, und des Kap. 61, wo es sich auf den weise regierten Staat bezieht, leitet hier Betrachtungen über das Verhältnis des Weisen zum Volk ein. Die Überlegenheit des Niedrigen, das „Sich-tiefer-Stellen" (vgl. Kap. 61), die *angst, sich vorzudrängen* (vgl. Kap. 67) und die Streitlosigkeit (vgl. Kap. 8, 22, 81) sind gleichsam die geistigen Insignien der Herrschaft des Weisen, der *tut und verlangt nichts für sich* (vgl. Kap. 2). Ähnliche Gedanken finden wir in den Kap. 8, 9, 10, 13, 17, 22, 28 (dritte Strophe), 35, 51, 58, 59, 76, 77, 78 und 81.

Kapitel 67:

Das Dau war ein allgemein bekannter und gebrauchter, wenn nicht sogar abgebrauchter Begriff, dem die frühen Dauisten nur einen tieferen und weiteren Sinn verliehen, als er im Vokabular ihrer Zeitgenossen besaß. Das Dau wuchs für sie über das Dimensionale und somit über das Bestimmbare hinaus. Im Kap. 6 des Buchs „Dschuangdse" finden wir eine Passage, die die räumliche und zeitliche Unbegrenztheit des vollkommenen Menschen, der mit dem Dau eins geworden ist, behandelt. „Wenn man nun ein Boot in der Schlucht eines Berges und den Berg (auch noch) in einem Moor versteckt, so mag das wohl als sicheres Versteck gelten. Und doch kann mitten in der Nacht einer mit Riesenkräften kommen und alles forttragen, und der unwissende Schläfer merkt nichts davon. Wohl vermag man vorteilhaft Kleines in Großem zu verstecken, und doch besteht immer die Gefahr, daß es einem entschlüpft. Wenn man aber das Universum im Universum versteckt, so wird es nimmer entschlüpfen." Wir haben bereits in den Kap. 14 und 41 gelesen, daß das Dau unsichtbar, unhörbar, unfaßbar ist; und *ungestalt ist die riesengestalt*. Dschuangdses Steigerung von Kleinem (dem Boot) zu Großem (dem Berg) und schließlich zu Unermeßlichem zeigt anschaulich, wie sich die frühen Dauisten über das Gegenständliche zu erheben suchten, um aus der aller Attribute beraubten Sphäre des *einen* als Weise ihr geläutertes De zurückzustrahlen in die in Verwirrung geratene Welt der *namen*. Hier greifen philosophische Abstraktion und magisch-mystisches Denken eng ineinander. Denn nur indem sie ihr Dau und damit sich selbst – da sie sich ja mit dem Dau identifizierten – aus der Welt der *namen* abstrahierten, konnten sie sich über letztere, über die Begrenztheit aller Attribute erheben, die sie als *erbärmlich klein* hinter sich zurückließen. Der Traum von der ungebrochenen Einheit des Großen Stammes verwirklichte sich für sie in der rationalen und mystischen Aufhebung der Attribute und Wertbestimmungen der ihnen verhaßten Welt der *namen*, bis sie schließlich ihr mikrokosmisches „Universum im Universum versteckt" hatten und so, nunmehr mit dem Dau kommensurabel geworden, das De aller jener Dinge, deren Attribute sie in der Welt der *namen* aufgehoben hatten, in einer neuen *urtiefen gemeinsamkeit* praktisch wieder zur Entfaltung bringen konnten. Wir haben ja in Kap. 27 bereits erfahren, was *der helle folgen* zu bedeuten hat: *so bewahrt der weise die menschen gut und keinen übersieht er, bewahrt die dinge gut und keines übersieht er...* (als negatives Gegenstück dazu siehe das Zitat aus „Dschuangdse", Kap. 10, in Anm. zu Kap. 65 Schluß).

Aber so *groß* und *unfaßbar* das Dau auch im Reich der philosophischen Abstraktion und mystischen Innenschau sein mag, wenn der Weise mit der Wirklichkeit des gesellschaftlichen Lebens Tuchfühlung nehmen will, so muß er sich gezwungenermaßen mit faßbaren Attributen umgeben. Und diese sind hier: *mitleid, sparsamkeit* und *angst, sich vorzudrängen.*

Theoretisch ist der Weise über alle Gefühle, über Leid und also auch über Mitleid erhaben. *Die weisen kennen nicht güte, wie die opferhunde aus stroh sind für sie alle menschen,* heißt es in Kap. 5 des Daudedsching. Im Buch „Dschuangdse" (Kap. 5) lesen wir: „Wozu bedarf denn der Weise noch des Menschlichen, da er ja vom Himmel genährt wird! Er besitzt zwar die Gestalt eines Menschen, nicht aber eines Menschen Gefühle. Weil er menschliche Gestalt besitzt, lebt er in der Gesellschaft der Menschen; doch da er keine menschlichen Gefühle besitzt, berühren ihn nicht mehr Unterschiede zwischen recht und unrecht..." Der Philosoph Huedse (Hue Schi) wirft darauf ein: „Wie kann denn ein Mensch, der keine Gefühle besitzt, noch als Mensch gelten?" Und Dschuangdses Antwort: „Zwischen recht und unrecht unterscheiden, das ist es, was ich mit Gefühlen meine. Was ich mit ‚keine Gefühle besitzen' meine, heißt, daß man nicht mehr durch Vorliebe oder Abneigung sein Selbst schädigt." Wo keine Vorliebe oder Abneigung und auch kein Unterschied zwischen recht und unrecht besteht, kann das „Mitleid" auch nicht mehr als ethische Kategorie aufgefaßt werden. Das Wort „Mitleid" hat also einen neuen Begriffswert angenommen, seine gebräuchliche und übliche Bedeutung abgestreift. Mit diesem in seiner alten sprachlichen Form gebrauchten Wort tsi – „Mitleid" – wird demnach ein neuer Begriff verbunden, nämlich die Haltung eines Menschen, der *streitet mit keinem,* der nicht *wider die natur handelt,* der der Welt *das rechte maß* zurückgeben will, indem er *güte,* „recht und unrecht" leugnet, also zu warten bereit ist, bis der *gewaltsame* sich selbst zugrunde richtet, also die Haltung eines scheinbar Teilnahmslosen, eines Menschen, der „keine menschlichen Gefühle besitzt" und doch aus genuiner Humanität eine Vorliebe für den Frieden und eine Abneigung gegen den Krieg zu bekunden gezwungen ist (vgl. Daudedsching, Kap. 31) – also eine äußerst inkonsequente Haltung. So landen die frühen Dauisten trotz aller Versuche, sich über die Ethik, jenseits von „gut" und „böse", „recht und unrecht" zu stellen, letztlich doch wieder in einer Welt ethischer Werte und Werturteile. *Sparsamkeit* und die *angst, sich vorzudrängen* führen sie endgültig zurück in die Gesellschaft der Menschen. Und liegt in jener Angst nicht auch eine andere Angst, nämlich eine vor den *gewalttätigen,* die sich nicht durch *belehrung ohne worte* belehren ließen und die, kam man mit ihnen in nähere Berührung, als dienstbare *lehrmeister* (vgl. Kap. 42) doch recht gefährlich werden konnten?

Kapitel 68:

Bereits in Anm. zu Kap. 30 wurde erwähnt, daß die frühen Dauisten, die als Konsequenz ihres Prinzips der Streitlosigkeit den Krieg verdammten, in einer Zeit, in der Kriege und Fehden gang und gäbe waren, die Tatsache des Krieges und vor allem den „gerechten" (Verteidigungs-)Krieg aus ihrem Gedanken- und Lehrbereich nicht ausschließen konnten. Daß sie aber in der idealen Gesellschaftsordnung, von der sie träumten, dem Krieg ein für allemal den Boden zu entziehen gedachten, zeigt dann Kap. 80.
Im Kap. 6 des Buchs „Dschuangdse" wird unter anderen Besonderheiten des „wahren Menschen" auch dessen Verhal-

ten im Zwangsfall des Krieges erwähnt. „... Die ‚wahren Menschen' alter Zeiten kannten nicht Freude am Leben, noch kannten sie Abscheu vor dem Sterben. Sie klammerten sich nicht an das Dasein und wehrten sich nicht gegen das Eingehen in den Tod. Unbekümmert waren sie in ihrem Gehen und Kommen. Sie vergaßen nicht das, worin ihr Ursprung lag (das Dau), suchten aber nicht nach dem Endziel ihres Lebens. Sie empfingen ihr Leben und waren froh darüber, vergaßen es und kehrten (zur Wurzel – dem Dau) zurück. Das nennt man: Das Dau nicht schmälern durch Begehren (wörtlich: Herz); dem Himmel (der Natur) nicht beistehen wollen durch menschliches Hinzutun. Und wer von dieser Art ist, den nennt man einen ‚wahren Menschen'... Er ist von kühler Strenge wie der Herbst und von milder Wärme wie der Frühling. In seiner Freude und in seinem Zorn steht er in Wechselbeziehungen" (im Original „tung"; wörtlich: „durchdringt" er die – ein Terminus technicus magischer Provenienz) „zu den Jahreszeiten. Er wirkt zum Vorteil der Dinge (zu ihrem Gedeihen), und so unendlich ist sein Wirken, daß es niemand ermessen kann (vgl. Daudedsching, Kap. 59, Zeile 10 bis 13). Wenn daher der Weise (der Weise und der ‚wahre Mensch' sind für Dschuangdse hier offenbar ein und dieselbe Person) von Waffen Gebrauch macht, so verliert er nicht die Zuneigung (wörtlich: das Herz) jener Leute, deren Land er besiegt hat. Sein segenspendender Einfluß mag sich auf zahllose (wörtlich: zehntausend) Generationen auswirken, und doch wirkt er (der Weise) nicht aus Liebe zu den Menschen..."
Dieser, wenn auch stark gekürzte Ausschnitt gibt uns, abgesehen von zusätzlichem Material für das Verständnis des Weisen dauistischen Typs (und nicht nur dieses Typs), einen Einblick in die Vorstellungen der frühen Dauisten hinsichtlich des „Wirkens" des Weisen im Kriegsfall. Er, der „nicht Freude am Leben" noch „Abscheu vor dem Sterben kennt" und seinen „segenspendenden Einfluß" „nicht aus Liebe zu den Menschen" wirken läßt, ist doch der Freude und des Zornes fähig, ja es besteht für ihn sogar die Möglichkeit, daß er „von Waffen Gebrauch macht". Entscheidend für alle seine Handlungen ist, daß er das Dau nicht durch persönliche Motive schmälert und der Natur nicht durch „menschliches Hinzutun" beizustehen versucht. Seine Affekte

sind also nur scheinbar menschlich: als ihre wahre Triebkraft wird die magische Einwirkung der Jahreszeiten, die Korrelation zwischen dem Verhalten des „wahren Menschen" und der Natur angenommen. Wir wissen, daß der König oder Fürst auch noch in historischen Zeiten, in gewissem Sinn sogar bis zum Ende der letzten kaiserlichen Dynastie Chinas, den Jahreszyklus in der Form eines genau vorgeschriebenen Rituals „regulieren", d. h. nach Art des Analogiezaubers mimetisch repräsentieren mußte. Für die frühen Dauisten war diese Vorstellung noch eine Selbstverständlichkeit. Nur trieb sie ihre Opposition zu den Fürsten und Herren ihrer Zeit auch in die Opposition zum Ritualismus, der die Welt der *namen* sanktionierte. So läuterte sich die Vorstellung einer magischen Einflußnahme des Fürsten und seiner „Weisen" auf die Natur mittels eines erstarrten Rituals zu der Vorstellung von einem „segenspendenden Einfluß" des „wahren Menschen" oder Weisen als menschlichen Repräsentanten des Dau, die zwar immer noch stark magisch getönt, zugleich jedoch mystisch verinnerlicht und philosophisch rationalisiert war. Wenn also der Weise aus Gründen, die wir aus politischen, ökonomischen oder militärischen Kausalzusammenhängen erklären würden, „von Waffen Gebrauch macht", so fühlte er sich als Agens des Dau, als Subjekt und zugleich Objekt eines kosmischen Geschehens. Und das erinnert sehr an die Enthüllungen, die der Gott Krishna dem Helden Arjuna in der Bhagavadgita macht, als er, als Wagenlenker verkleidet, mit Arjuna in die Schlacht zieht. In den feindlichen Kriegerscharen erblickt Arjuna zu seinem Entsetzen überall Verwandte. Worauf ihm Krishna enthüllt, daß er handelnd nur einen höheren Willen vollstrecke und daß er nur scheinbar über Leben und Tod zu entscheiden habe. Was in der Bhagavadgita im Rahmen einer göttlichen Vorsehung geschieht, wird in der Vorstellungswelt des alten China einer noch stärker entpersönlichten Kraft zugeschrieben: der Feldherr ist „von kühler Strenge wie der Herbst"; und in seinem „Zorn" steht er in „Wechselbeziehung zu den Jahreszeiten". Das gilt für den dauistischen Weisen aber nur im Zwangsfall. Und selbst dann verliert er nicht die Zuneigung der Geschlagenen!

Im Kap. 68 wird das Thema des Kap. 30 wieder aufgenommen: *gut ist siegen – und damit genug, man wage nicht, zwingherr zu sein.* Neben der „Kriegertugend des Nichtstreitens" ist es die Fähigkeit des „Sich-Herabsetzens" (vgl. Kap. 61, 67), die zu einem Anspruch auf wahre Führerschaft berechtigt. So leitet auch dieses Kapitel, selbst wenn der Krieg als mögliches Betätigungsfeld des dauistischen Weisen mit einbezogen wird, zu dem Gedanken über, daß „jene Weisheit aus uralten Zeiten" sich wieder durchzusetzen vermag und damit in einer neuen *urtiefen gemeinsamkeit* Kriege vermieden werden können.

Das Ideal des *De des nichtstreitens* der Dauisten war von nachhaltiger Wirkung auf das dichterische Schaffen vieler bedeutender Persönlichkeiten in der Literatur Chinas bis nahezu in die Gegenwart. So schrieb der große humanistische Dichter Du Fu (712–770) offensichtlich unter dem Einfluß dieses Ideals:

> Wenn ihr gegen Räuber kämpft, fangt aus der Bande
> den Häuptling erst, damit nicht andre büßen.
> Sind nicht auch Grenzen jedem Blutvergießen
> gesetzt, wie sie gesetzt sind jedem Lande?
>
> Nur wenn das Reich bedroht von Feindeshorden,
> wenn mordend sie mit Krieg uns überzogen,
> dann greift zum Schwert, dann spannt ihn straff, den Bogen,
> nie aber, um aus bloßer Gier zu morden!
>
> (E. Schwarz, Tränen und Rosen, Berlin 1965, S. 32)

Und der Dichter Li Tai-bai (701–762) zitierte in einem seiner bekanntesten Gedichte sogar zwei Zeilen aus dem Daudedsching (Kap. 31):

> So sei verflucht der Krieg, verflucht das Werk der Waffen!
> Es hat der Weise nichts mit ihrem Wahn zu schaffen.
> Er wird die Waffe nur als letzte Rettung schwingen,
> um durch den Tod der Welt das Leben zu erzwingen.
>
> (Klabund, Tränen und Rosen, Berlin 1965, S. 30)

Kapitel 69:

Woher diese den *strategen* zugeschriebenen Maximen stammen, läßt sich aus den uns überlieferten Quellen nicht mehr ermitteln. Vielleicht hat sie der Autor selbst erfunden. Der Traditionalismus der chinesischen Gelehrtenwelt der Feudalperiode zwang oft selbst sehr originelle Denker zu tatsächlichen oder fiktiven Anleihen bei irgendeiner Autorität, die durch die Patina der Altehrwürdigkeit über alle Zweifel erhaben schien. Die Maximen selbst tragen jenen auch für die chinesische Boxkunst (Taidschitschüen) typischen Charakter einer „aktiven Passivität" – die Tendenz, den Gegner zur Selbstentblößung zu zwingen, um dessen im „Ausfall" wirksam gewordene Kräfte durch ein scheinbares „Sich-Unterstellen" gegen ihn „rückkehrend" für den eigenen „Einfall" nutzen zu können. Das wäre die praktische Anwendung solcher dauistischer Sentenzen wie: *das härteste in der welt – bezwungen wird es vom geschmeidigsten . . .* (Daudedsching, Kap. 43) oder: *eines gewaltsamen todes muß der gewaltsame sterben . . .* (Kap. 42).

Die Paradoxa *vorankommen ohne vordringen* usw. (Zeile 4 bis 7) sind gleichsam die dauistische *belehrung ohne worte*, angewandt auf die Praxis der Kriegsführung (vgl. Kap. 27 und Anm.). Auch hier eine verhaltene Kraft, eine Kraftanhäufung, eine magisch-mystische Speicherung des De, die der Weise, „selbstlos, den Dingen folgend", scheinbar passiv und rezeptiv „rückkehrend" in Aktion treten läßt; und „so folgen ihm auch alle Dinge" (vgl. Anm. zu Kap. 27). In der letzten Strophe greift der Autor auf dem Umweg über eine sehr reale und praktische Erfahrung der *strategen* auf die *drei schätze* des Kap. 67 zurück. *Kein größres übel als den feind unterschätzen* ist eine allgemeingültige Erkenntnis. Ihren besonderen Sinn erhält sie durch den Nachsatz *das bringt mich leicht um meine schätze*. Denn wer den Feind „unterschätzt", „überschätzt" zugleich sich selbst, und das würde zu einer Haltung führen, die *mitleid in mut* (im Original bedeutet das Wort tsching sowohl unterschätzen wie auch leichtnehmen, für gering halten), *sparsamkeit* in sinnlose und gefährliche Verschwendung der eigenen Kräfte und die *angst, sich vorzudrängen* in Selbstpreisgabe verwandeln würde. Und wer *sich vordrängt, statt sich hintennach zu stellen, der stirbt* (s. Kap. 67, dritte Strophe). Der Akzent liegt zweifellos auf *mitleid* bzw. dem *mitleidigen* (vgl. Anm. zu Kap. 67). Wer also als *wahrer feldherr* oder als *wahrer kämpfer* im Sinn von Kap. 68 in den Kampf tritt, der besitzt nicht nur das *De des nichtstreitens* und die Fähigkeit, *demütig* zu sein, sondern betrachtet auch den Gegner als Mitglied des Großen Stamms. Er läßt sich nicht vom Furor der Schlacht zu Grausamkeiten hinreißen, sondern wirkt selbst dann noch im gemeinsamen Interesse des Großen Stamms, den er als Träger des Dau immer und überall vertritt und zu seiner ursprünglichen „Unverdorbenheit" zurückzuführen sucht. Damit ist er von vornherein dem Gegner überlegen – überlegen kraft seiner Mission, seiner Berufung, wir würden heute vielleicht sagen: kraft seiner ideologischen Überzeugung –; und da er als irdischer Vertreter des Dau *mit keinem streitet, bleibt er unbestritten sieger* (Kap. 66, Schluß): auch wenn das Kräfteverhältnis nicht zu seinen Gunsten steht, muß er siegen – kraft der „Idee".

Kapitel 70:

Der Optimismus hinsichtlich der Wirksamkeit und des zukünftigen Sieges der dauistischen Lehre, der in vielen Kapiteln deutlich zu spüren ist, schlägt hier in Pessimismus um. Eine *belehrung ohne worte,* die schließlich doch nicht ohne Worte auskommt, um die Menschen davon zu überzeugen, daß *wer dem lernen ergeben, gewinnt täglich,* und daß das für sie wirklich Wesentliche – das Dau – *namenlos* sei, ist eben nur für jene verständlich, die selbst *begehrlos* sind und denen *schaubar wird der dinge geheimnis* – also nur für die Weisen. Die Schule des Modse hat diese Schwäche der dauistischen Lehre schon früh erkannt und aufgezeigt: „Wer behauptet, daß die Menschen nicht wissen, daß Lernen nutzlos ist, stellt, indem er sie darüber aufklärt, eine These auf. Die Aufklärung über die Nutzlosigkeit des Lernens ist folglich selbst ein Lehren..." (Buch „Modse", Kap. 43). Und nach einer Lehre zu handeln, die den kulturellen Fortschritt nicht nur aufhalten, sondern die Menschheit sogar zu urzeitlichen Verhältnissen zurückführen will, scheint eben auch nur dem, der *begehrlos* ist und *sich ans große ungestalte hält*

(Kap. 35), möglich zu sein (vgl. Anm. zu Kap. 80). Über die sichtliche Enttäuschung des dauistischen Weisen, daß es *keinen in der welt* gibt, der seine Worte versteht, gar danach handelt, hilft er sich mit folgenden Erwägungen hinweg. Seine Worte reichen über den sprachlichen Ausdruck, der sie im täglichen Gebrauch zu bloßen *namen* abgeschliffen, erniedrigt und entkräftet hat, zum *sinn* der Worte zurück, dessen magische Kraft die Menschen nicht mehr verstehen. Die Summe aller Dinge in ihrer wahren Wesenheit ist das Dau – der *urahn aller dinge* (Kap. 4) und *der zahllosen dinge urmutter* (Kap. 1). So verleiht das Wissen vom magischen Sinn der Worte, von ihrem wahren Wert, eine – allerdings unsichtbare und geheime – Macht, die in der Erscheinungswelt dem Kausalnexus von Tat und Täter zu vergleichen ist. Das Verkanntsein des Weisen zeigt somit nur die völlige Unkenntnis der Menschen hinsichtlich der insgeheim ihrem Heil dienenden Wirkungsweise des Weisen. Trotz seines ärmlichen eremitenhaften Äußeren steht er darum auch unvergleichlich höher als die Höchsten in der Welt der *namen*, die zwar in prächtigen Gewändern einhergehen mögen, aber in ihrem Herzen nichts bergen, daß der *jade* (der Erkenntnis des Dau und seines Wirkens) zu vergleichen wäre.

Kapitel 71:

Über den doppelten Sinn des Begriffs Wissen bei den frühen Dauisten als differenzierendes und integrierendes Wissen (Erkenntnis des Dau, des Einen) siehe Anm. zu Kap. 65. Die frühen Dauisten waren sich aber auch bewußt, daß ein Menschenleben keinesfalls ausreicht, um die *zahllosen dinge* – die unendliche Vielfalt der Erscheinungen – mittels differenzierender Erkenntnisse auch nur annähernd erfassen zu können. So konstatierte Dschuangdse im 3. Kap. seines Werks mit scheinbarem Gleichmut und doch heimlichem Bedauern: „Unser Leben ist begrenzt, Wissen (differenzierendes Wissen) aber ist unbegrenzt. Mit unserem begrenzten Leben Grenzenlosem (den grenzenlosen Möglichkeiten differenzierender Erkenntnisse) nachzujagen, ist gefährlich. Wer aber dies erkannt hat und sich dennoch um Wissen müht, begibt sich in noch größere Gefahren." Die meisten Menschen geben sich jedoch mit dem Quantum an Kenntnissen, die sie sich zu erwerben imstande sind, zufrieden, ohne sich dessen bewußt zu werden, daß „alles zusammengenommen, was ein Mensch wissen kann, doch nichts ist im Vergleich zu dem, was er nicht weiß" („Dschuangdse", Kap. 17). Verglichen mit dem Absoluten (oder den unbegrenzten Erkenntnismöglichkeiten), ist das Gesamtergebnis alles menschlichen Wissens doch nur ein „gelehrtes Nichtwissen" – eine „docta ignorantia", wie es Nicolaus Cusanus nannte. Die Alternative zu analytischem und differenzierendem Wissen ist synthetisches, integrierendes, intuitives Wissen, das sich über die nie vollends zu erkennende Vielfalt der Erscheinungen hinwegsetzt, sie beiseite schiebt und in „mystischer Innenschau" zu einer Sphäre vorzudringen vermeint, wo sich alle Differenzierungen aufheben in einer „coincidentia oppositorum", einer Einheit der Widersprüche. Dieser Grundzug im Denkprozeß der zur Mystik tendierenden Philosophen ist von einer frappierenden Einheitlichkeit, die trotz aller örtlichen, zeitlichen, kulturellen und terminologischen Unterschiede im wesentlichen doch immer wieder zu gleichen oder ähnlichen Äußerungen führte. So schreibt Jakob Böhme: „... also daß der Wille sich über alle Sinnlichkeit und Bildlichkeit in den ewigen Willen des Urgrunds vertiefe, aus dem er ist anfänglich entstanden, daß er in sich nichts mehr wolle, ohne was Gott durch ihn will – so ist er in dem tiefsten Grunde der Einheit" (Mysterium Magnum, Anhang). Mystik ist weit mehr als verinnerlichte Magie, sie ist in gewissem Sinn rationalisierte Magie; beiden gemeinsam aber ist die mehr oder minder deutliche Vorstellung vom Großen Stamm: daher die Ähnlichkeiten. Wenn wir in der eben zitierten Stelle aus Jakob Böhmes Werk „Gott" durch „Dau" ersetzen, so finden wir nicht wenige Parallelen zu der Auffassung der frühen Dauisten von jenem „Wissen", mit dem verglichen alles differenzierende Wissen „Nichtwissen" zu sein scheint.

Kapitel 72:

Die Kapitel 72 bis 80 zeigen insofern einen gedanklichen Zusammenhang, als sie das Problem des sozialen Drucks und seiner Folgen aufwerfen und analysieren (vgl. Kap. 75), zugleich aber auch eine Lösung des Problems nach der bereits in anderen Kapiteln entwickelten dauistischen Soziallehre vorschlagen. Als Endziel und Gegenmittel gegen das *erbärmliche großtun von räubern* (s. Kap. 53) schwebt den frühen Dauisten eine Rückführung der menschlichen Gesellschaft zu jener *urtiefen gemeinsamkeit* als Vision vor Augen, die in Kap. 56 in ihren sozial-ethischen und schließlich in Kap. 80 in ihren mehr konkreten sozialökonomischen Aspekten dargestellt wird.

Während in der offiziellen Geschichtsschreibung Chinas „störrische" Elemente, d. h. gegen den bereits unerträglichen Druck der herrschenden Klassen rebellierende Gruppen leibeigener Bauern oder heruntergekommener Adliger, generell als „Räuber" bezeichnet werden, hatten die frühen Dauisten den Mut, diese Verdrehung der Tatsachen terminologisch richtigzustellen. Für sie standen die „Räuber" dort, wo der offizielle Chronist „Fürsten" und „Herren" schreiben würde (vgl. Kap. 53 und 75).

Nach Kap. 72 führt *macht*, die nicht mehr gefürchtet wird, da sie das Volk soweit gebracht hat, daß es *den tod nicht mehr fürchtet* (vgl. Kap. 74), zu ihrer dialektischen Aufhebung: zur Entmachtung. Denn alle Bande der Loyalität zerreißen, die Hierarchie der sozialen Struktur zerbricht, wenn die Mächtigen ihre Machtansprüche soweit treiben, daß sie dem Volk *hassenswert das leben* machen. So wandelt sich die Fügsamkeit des Untertanengeistes, dessen Grundlage die Furcht ist, in den *mut zu verzweifeltem wagnis* (vgl. Kap. 73), in unbändigen Haß, der den Staat von innen her zersprengt und dem Feindesstaat die Bedingungen für einen erfolgreichen Einfall schafft. Die *übermacht* ist also extern wie auch intern bedingt; und das Nahen dieser *übermacht* beschleunigen die Mächtigen selbst durch den Mißbrauch der Macht. Im Kap. 17 wird dieser Prozeß des moralischen Niedergangs der Herrschenden klar dargelegt: *sie* (die Herrscher) *zu fürchten lernten sie* (die Niedrigen) *später, dann zu verachten.* Ähnliches sagt auch Menzius (Mengdse): „Der König Hsüen von Tschi fragte (Menzius): ‚Verhält es sich wirklich so, daß Tang (der Gründer der Schang-Dynastie; eine halb-legendäre Persönlichkeit) Dschie (den angeblich letzten König der legendären Hsia-Dynastie) verbannte

und König Wu (der Gründer der Dschou-Dynastie) Dschou (den letzten Herrscher der Schang-Dynastie) schlug?' Menzius antwortete: ‚So heißt es in den Chroniken.' Darauf König Hsüen: ‚Darf denn ein Minister seinen Herrn ermorden?' Menzius erwiderte: ‚Wer sich an dem Prinzip der Güte vergeht, ist ein Verbrecher; wer sich an dem Prinzip der Tugend vergeht, ist ein Übeltäter. Verbrecher und Übeltäter aber kann man bloß als gemeine Kerle bezeichnen. Ich habe lediglich von der Beseitigung des Kerls Dschou gehört, nicht aber von der Ermordung eines Herrschers (Dschou)'" (Buch „Mengdse" II, zweiter Teil, 8).
Im Gegensatz zu den Mächtigen, die sich aus Selbstsucht und Begehrlichkeit selbst erhöhen und damit das Volk noch tiefer hinabdrücken, sieht der dauistische Weise, wie im Daudedsching immer wieder betont wird, Macht nur dann gerechtfertigt, wenn sie mit Selbstlosigkeit oder Selbstvergessenheit verbunden ist (vgl. Kap. 13), wenn der Weise sich soweit *herabzusetzen* vermag, daß sich seine Persönlichkeit in den Interessen der Gemeinschaft auflöst. Dieses Ideal finden wir in Kap. 17: *zuerst wußten die niedrigen kaum von den herrschern*. Aber um dieses Ideal verwirklichen zu können, bedarf es eben auch einer Rückführung der gesamten menschlichen Gesellschaft zu jenem Zustand, wie er *zuerst* war (s. Kap. 80).

Kapitel 73:

Hier wird die Tatsache des Aufruhrs, der Rebellion, des *verzweifelten wagnisses* als historisches Phänomen konstatiert, mit einer gewissen Nachsicht eingeschätzt und schließlich als dem Dau nicht gemäß verurteilt. Gewaltanwendung in der Lösung sozialer Fragen war den frühen Dauisten selbst dann zuwider, wenn sie mit unverhohlener Antipathie mit dem Finger auf jene wiesen, *die taten vollbringen* und *gewaltsam* sind. Sie überließen die Bestrafung der *gewaltsamen* dem Himmel, dem Dau, und zogen sich wohlweislich in eine abwartende Teilnahmslosigkeit zurück, ethisch-philosophisch begründet in ihrem Prinzip der Streitlosigkeit, des Mitleids und der *angst, sich vorzudrängen,* real bedingt durch ihre politische Machtlosigkeit und die Unmöglichkeit, ihr *namenloses* Dau den Massen verständlich zu machen bzw. die Herrschenden von dem Wert der Befolgung ihrer Lehren überzeugen zu können. Als Trost für jene, die *den mut haben, nichts aus verzweiflung zu wagen* – und zu jenen rechneten sie sicherlich auch sich selbst –, postulieren sie eine Art himmlische Gerechtigkeit (nicht *güte*, die man ja vom Himmel nicht erwarten darf; vgl. Kap. 5), bildlich ausgedrückt durch des *himmels netz*, durch dessen Maschen es den Mächtigen ebensowenig gelänge hindurchzuschlüpfen wie dem Kamel in der Bibel durch das Nadelöhr.

Kapitel 74:

Über die erste Strophe siehe Anm. zu Kap. 72. *Wer zum töten befugt ist* in der zweiten Strophe ist zweifellos das Dau. Da, wie es in Kap. 73 heißt, keiner zu sagen weiß, *wen und warum der himmel haßt,* und dem Weisen demnach *maß und strafe* schwerfällt, so würde er wie auch jeder andere „sich die Hand zerhacken", wenn er dem Dau zuvorzukommen trachtete. Immerhin ist das Dau, wie wir noch in Kap. 79 sehen werden, *immer auf der seite der gerechten.* Wer aber ist ein Gerechter nach dauistischer Deutung, die ja das Prinzip des Guten und Bösen nicht anerkennt? Offenbar nur der Selbstlose, der im und für das Dau Lebende. Erwarteten die Dauisten, daß sich die Selbstsüchtigen untereinander so lange bekriegen würden, bis der im Verborgenen wirkende und „De" akkumulierende Weise eine sich selbst zur Selbstlosigkeit zwingende Welt wieder zurückführen kann zu jenem Idealzustand, den Kap. 80 schildert? Oder hofften sie doch heimlich auf einen Sieg der Massen der Leibeigenen, der Unterdrückten, gegen die *erbärmlichen räuber*, die ihrem Dau am wenigsten gemäß handelten, um im entscheidenden Augenblick hervorzutreten und ihre Lehre den siegreichen Volksmassen zu verkünden? Es ist anzunehmen, daß die frühen Dauisten trotz aller scheinbaren Weltfremdheit solche Möglichkeiten erwogen haben.

Kapitel 75:

Die Analyse der tieferen Gründe, die zu sozialer Unrast führten und den Zusammenbruch der partikularistischen Feudalordnung ankündigten, in den ersten neun Zeilen ist von verblüffender Einfachheit und durch die Prägnanz der drei Konklusionen und die herausfordernde Wiederholung der Prämissen als Kausalsätze besonders wirkungsvoll und einprägsam. Die frühen Dauisten erweisen sich hier als durchaus fähig, die sozialen Verhältnisse ihres Zeitalters real einzuschätzen. Ihre Weltfremdheit gewinnt jedoch sogleich wieder die Oberhand, wenn es sich darum handelt, diese von ihnen als unhaltbar erkannten Verhältnisse zu verändern. Daher die zwei Schlußzeilen, die zwar eine an die Adresse der Fürsten und Herren gerichtete, versteckte und doch scharfe Warnung enthalten, nicht mit dem Leben ihrer Untertanen zu spielen (da sie dadurch ihr eigenes Leben gefährden), aber im Verhältnis zu dem bitteren Ernst der in Kap. 72 bis 75 aufgedeckten Probleme klingt der Rat, daß man *nichts tun* soll, um das Leben *zu stören,* vage und nicht allzu überzeugend. Und *nichts tun*, um das Leben *zu stören*, gilt ja sowohl für die Herren wie auch für die Hungernden, Störrischen und den Tod Leichtnehmenden. Wer soll da den Anfang machen, das Leben nicht *zu stören*? Die reale und historisch richtige Beurteilung der sozialen Verhältnisse steht also in krassem Widerspruch zu ihren Vorschlägen, diese Verhältnisse zu verändern. In dem letzteren Punkt erweisen sich ihre Ansichten als irreal, als weltfremd und ahistorisch. Dem im Rahmen eines zyklischen Weltbilds befangenen Menschen mag immerhin noch die Möglichkeit einer retrogressiven Entwicklung, einer zwangsläufigen „Rückkehr", vor Augen geschwebt haben, die das *starre* und *harte* einer todesträchtigen Welt wieder zum *zarten, schwachen, biegsamen* Urzustand des *kindseins* und zur *unverdorbenheit* zurückführen sollte: eine entpersönliche Messiade kosmischer Regression.

Kapitel 76:

Der Gedanke, daß das Schwache, Geschmeidige, Kindliche, das Harte, Starre und Starke besiegt, ist uns bereits aus den Kap. 10 (zweite Strophe), 20, 36, 43 und 55 bekannt und taucht noch einmal in Kap. 78 auf. Im Zusammenhang mit den Kap. 72 bis 75 gesehen, scheint die emphatische Verkündung des Sieges des *zarten und schwachen* über das *starke und große* an dieser Stelle als Trost und zugleich Verheißung gemeint zu sein, daß die unerträgliche Gegenwart doch überwunden und der in Kap. 80 geschilderte Idealzustand der *urtiefen gemeinsamkeit* (vgl. Kap. 56) verwirklicht werden kann, ja sich zwangsläufig verwirklichen muß.

Kapitel 77:

Mit dem Bogen scheinen im Staat Tschu, wo das Daudedsching verfaßt wurde, gewisse magische Vorstellungen verbunden gewesen zu sein. Anzeichen dafür finden sich im „Lied vom Herrn des Ostens", einem der Schamanenlieder Tschü Yüans (s. Anm. zu Kap. 10) und anderen alten Texten. Offenbar wurde der Bogen in der prophylaktischen Magie (Abwehrzauber) verwendet. Als Attribut des Sonnengottes (Herr des Ostens) dient er diesem zum Herabschießen des unheilbringenden Gestirns „Tienlang". Die Assoziation von Bogen und Himmel bzw. *Dau des himmels* war daher für einen Mann aus dem Tschu-Volk naheliegend.
Der Bogen-Vergleich deutet die Vorstellung einer ausgleichenden Gerechtigkeit – einer Art kosmischen Robin-Hood-Tendenz – an: ein Nehmen von den Reichen, um den Armen zu geben; und das innerhalb eines sich gegenseitig ergänzenden, organisch ineinandergreifenden Systems. Im Gegensatz dazu müßte *das Dau des menschen* (mit „Menschen" scheinen hier in erster Linie die Fürsten und Herren gemeint zu sein), wenn wir den Vergleich weiterspinnen wollen, den Bogen zum Brechen bringen. Unter den Menschen ist allein der Weise in der Lage, die durch *das Dau des menschen* hervorgerufenen Störungen zu beheben. Denn als Vertreter des *Dau des himmels* wirkt er wie dieses; und überdies besitzt er das *höchste De* (vgl. Kap. 38), da er *nie das De*

verläßt (vgl. Kap. 28), und sucht nicht wie jene, die *das Dau des menschen* vertreten, vom Kargen *abzukargen*. Als einer, der Taten vollbringt, und doch nichts für sich nimmt (vgl. auch Kap. 2, 10, 34 und 51), wirkt er beispielgebend für die Wiedererrichtung einer Gesellschaft, in der *keiner edel sein, aber auch keiner gemein sein* (vgl. Kap. 56) kann.

Kapitel 78:

Wie in den Kap. 8, 61 und 66 wird auch hier durch den Wasservergleich symbolisch demonstriert, daß dieses scheinbar schwache Element durch seine Anpassungsfähigkeit, seinen Mangel an starrer Körperlichkeit (seine unbegrenzte Gestaltbarkeit), seine Nichtstreitbarkeit und *selbstlosigkeit* allem körperhaft Selbstbegrenzten und Starren überlegen ist. Das Wasser in seinen negativen Aspekten (seiner Gestaltlosigkeit und relativen Unbestimmbarkeit) und positiven Wirkungen kommt unter allen erkennbaren Dingen dem Dau und De am nächsten. Ähnliche Vorstellungen mögen auch dem Verfasser der „Großen Norm" (ein Kapitel des Schudsching – „Buch der Dokumente") vorgeschwebt haben, als er (sicher auf Grund älterer Überlieferungen) in der Reihe der Fünf Elemente (Wuhsing: vielleicht besser mit „Fünf Übergängen" bzw. „Wandlungsphasen" zu übersetzen) Wasser an die erste Stelle setzte. Die anderen Elemente – Feuer, Holz, Metall und Erde –, die nach der zyklischen Konzeption einander bedingen und „besiegen" (so z. B. „besiegt", d. h. verbrennt Feuer das Holz), kehren letztlich wieder zum Ausgangselement Wasser zurück, das, seinerseits den Kreislauf aufs neue beginnend, das Feuer zu „besiegen" vermag. Im 28. Kap. des Buchs „Hsündse" werden Konfuzius die folgenden Worte in den Mund gelegt: „Das Wasser breitet sich über alles Wachsende wachstumsfördernd aus und tut doch nichts aus eigenem Antrieb; so gleicht es dem De. Es ist von unermeßlicher Ausdehnung und erschöpft sich doch nie; so gleicht es dem Dau..." Der dauistische Beigeschmack dieser angeblich von Konfuzius stammenden Äußerung ist unschwer herauszufühlen, und daß der große Polyhistor und Eklektiker Hsündse auch dauistische Gedanken in sein Werk verarbeitete, ist mit Sicherheit anzunehmen. Trotzdem ist die Vorliebe für das Wassersymbol in einer Vielzahl alter Texte (im Buch „Guandse" ist dem Wasser sogar ein ganzes Kapitel gewidmet) zu auffallend, um darin nicht eine Vorrangstellung des Wassers in den ontologischen Vorstellungen des alten China zu vermuten. Daß der Begriff Wasser auch semantisch in einer gewissen Beziehung zu dem Dau-Begriff stand (in der Bedeutung „Flußregulierung" – einen Fluß in die richtige Bahn leiten), haben wir bereits in der Einleitung (S. 15 f.) erwähnt.

Die durch die Allmacht des Wassers symbolisierte Überlegenheit des Schwachen und Geschmeidigen über das Starke und Starre (vgl. auch Kap. 76) ist den Menschen empirisch bekannt; und doch sind sie in der differenzierten Welt der *namen*, in der Starres und Starkes zu siegen scheint, nicht in der Lage, die notwendigen Lehren aus den Offenbarungen der Erscheinungswelt zu ziehen. Ebenso wie die *unverständigen* das Dau verlachen (vgl. Kap. 41), erscheint auch das Wasser, trotz seiner offensichtlichen Überlegenheit über das Starre und Starke, als *das niedrige, das alle verachten* (vgl. Kap. 8).

Wie das Wasser Schmutz und Unrat in sich aufnimmt und wegspült, ohne sich dessen zu schämen, so empfindet es auch der Weise nicht als Schande, Übel und Unglück eines Landes auf sich zu nehmen. Hinter dieser Form der Selbsterniedrigung und zugleich Erhöhung zu wahrem Königtum steckt noch jene uralte Vorstellung von der Verantwortlichkeit des Priester-Häuptlings oder Stammesschamanen für den normalen und gesicherten Ablauf des Naturgeschehens (s. Einleitung, S. 14 ff.). In dem „Buch der Dokumente" (Schudsching, Kap. Tang-gao, „Verkündung des Herrschers Tang") findet sich folgende interessante Stelle, die in ähnlichem Wortlaut auch in den „Gesprächen" (des Konfuzius; Lunyü, Kap. XX, 3) zitiert wird: „Tang sagte ... Die Vergehen von euch, den (Völkern der) zahllosen (wörtlich: zehntausend) Regionen, mögen auf mir allein lasten; meine eigenen Vergehen mögen euch, den (Völkern der) zahllosen Regionen nicht angelastet werden..." Auch im Dsodschuan (s. Anm. zu Kap. 31) finden wir einen Satz, der nicht nur dem Sinn nach, sondern auch sprachlich große Ähnlichkeit mit der betreffenden Zeile in Kap. 78 des Daudedsching aufweist. Der Herzog von Dschin will dem vom Staat Tschu bedrängten Staat Sung zu

Hilfe eilen, worauf ihm ein gewisser Bo Dsung abrät: „... Der Himmel hat eben (dem Staat) Tschu (das „Mandat" – Macht) verliehen, so ist es noch nicht möglich, sich mit Tschu im Kampfe zu messen. Denn wenn Dschin auch stark ist, wie könnte es dem Himmel widerstreben! Das Sprichwort sagt: Hoch und niedrig folgen des Herzens Ermessen; die Flüsse und Seen nehmen auch Schmutz auf... Der Herr eines Landes nimmt (seines Landes) Übel auf sich: so ist das Dau des Himmels..." (Dsodschuan, Fünfzehntes Jahr des Herzogs Hsüen). Eine assoziative Verbindung zwischen Dau und Wasser (im Sinne von Katharsis – Reinigung) läßt sich auch in diesem Zitat erkennen. Die Verachtung, mit welcher die frühen Dauisten auf die Mächtigen ihrer Zeit herabsahen, läßt kaum die Annahme zu, daß sie diese tatsächlich für fähig hielten, *eines landes übel* oder *eines landes unglück* auf sich zu nehmen. Viel wahrscheinlicher ist, daß sich der dauistische Weise mit seiner „Kenntnis" des Dau und seiner Fähigkeit, sich wie das Symbol des Dau, das Wasser, zu verhalten, selbst als *herr der welt* betrachtete. Daher mag die letzte Zeile – abgesehen von ihrem für die Grundhaltung des Verfassers des Daudedsching allgemeingültigen Sinn (vgl. Anm. 41) – hier eine Umkehrung der *namen*, d. h. Ablösung der Fürsten und Herren, die ihrer Würde nicht mehr gerecht werden können, durch den Weisen andeuten.

Kapitel 79:

Daß sich der Weise zumindest visionär als zukünftiger *herr der welt* (s. Kap. 78 und Anm. zu Kap. 78 Schluß) sah, scheint auch dieses Kapitel zu bestätigen. Sollte einst der Tag kommen, an dem der Weise den Vertrag (das „Mandat des Himmels") in Händen halten wird, so wird der Geist der Unruhe, der die Welt so lange der natürlichen Ordnung entfremdete, noch als *rest von groll* weiterschwelen. Zum Unterschied von denen, die kein De besitzen (den gegenwärtigen Herrschern in der Welt der *namen*), die ihren *vertrag* (das „Mandat des Himmels", das ihren Vorvätern Macht verlieh) dazu mißbrauchen, das Volk für sie fronen zu lassen, wird der Weise, frei von allem selbstsüchtigen Hinzutun, den *vertrag*, der für ihn dem natürlichen Wirken des Dau gleichkommt, selbst wirken lassen. Denn für ihn ist der *vertrag* kein Unterpfand der Macht, das die Welt in Gläubiger und Schuldner teilt, sondern die offenbar gewordene Berechtigung, kraft seines in sich gespeicherten De (vgl. Kap. 81) die Welt zurückzuführen zu jener natürlichen Ordnung, in der *keiner verwandt, keiner fremd, keiner edel* und *keiner gemein* sein wird (vgl. Kap. 56). Für ihn handelt es sich nicht wie bei den privilegierten Noblen und Reichen darum, mit Fronpflichtigen und Schuldnern zu rechten, sondern den Begriff der Schuld überhaupt, der ja an die *namen* gebunden ist, zugleich mit diesen in der *urtiefen gemeinsamkeit* aufzulösen. In diesem Sinn handelt er wie das Dau, das *keinem nahesteht* (im Original wörtlich: *verwandt* – wie in Kap. 56), sondern *immer auf der seite der gerechten* (offensichtlich hier als „selbstlos dem Dau Folgende" zu verstehen) steht, also ohne jegliche Bevorzugung im allgemeinen Interesse des Großen Stammes wirkt.

Kapitel 80:

Über die Grundzüge der Sozialehre der frühen Dauisten siehe Einleitung, S. 27 ff.; über ihre regressive Haltung dem kulturellen Fortschritt gegenüber und deren Hintergründe gibt die Anm. zu Kap. 28 (insbesondere die dort zitierte Passage aus dem 12. Kap. des Buchs „Dschuangdse") nähere Auskunft. Daß sich die letzten neun Zeilen des Kap. 80 auch im Text des 10. Kap. des Buchs „Dschuangdse" finden, wurde in Anm. zu Kap. 65 erwähnt, in welcher auch der Disintegrationsprozeß dieser idealen Ordnung der Vorzeit als Konsequenz des „Wissens" und der Verwendung von Geräten aufgezeigt wird. Eine andere Passage über jenen gesellschaftlichen Idealzustand und ihren Zerfall im Buch „Dschuangdse" wurde in der Einleitung (S. 16 f.) zitiert.
Nach dem „Buch der Wandlungen" „machte man in grauer Vorzeit Knoten in Stricke" (d. h. hatte eine Knotenschrift – wie die Quippu der Inkas?), „die Weisen späterer Zeitalter ersetzten sie durch eingeritzte Zeichen". Die Wiedereinführung einer solchen „Schrift" würde die Übermittlung von Gedanken auf rein quantitative Begriffe beschränken und die

schriftliche Aufzeichnung menschlichen „Wissens" und damit die Verbreitung der Lehren der „Weisen" unmöglich machen. „Je tiefer wir in der Geschichte zurückgehen", schreibt K. Marx, „je mehr erscheint das Individuum, daher auch das produzierende Individuum, als unselbständig, einem größeren ganzen angehörig..." (Grundrisse der Kritik der Politischen Ökonomie, Berlin 1959, S. 6). Eben jene Submersion des Individuums – sein Wieder-unselbständig-Werden – erstrebten die frühen Dauisten. Und das konnte nur dadurch herbeigeführt werden, daß man dem „produzierenden Individuum" die ihm zur Verselbständigung verhelfenden Produktionsinstrumente entwand. So zumindest dachten die frühen Dauisten. Im „Kapital" (Marx/Engels, Werke, Bd. 23, Berlin 1962, S. 430 f.) zitiert K. Marx aus F. Bieses „Die Philosophie des Aristoteles": „Wenn jedes Werkzeug auf Geheiß, oder auch vorausahnend, das ihm zukommende Werk verrichten könnte, wie des Dädalus' Kunstwerke sich von selbst bewegten, oder die Dreifüße des Hephästos aus eignem Antrieb an die heilige Arbeit gingen, wenn so die Weberschiffe von selbst webten, so bedürfte es weder für den Werkmeister der Gehilfen noch für den Herrn der Sklaven." „Und Antipatros", fährt Marx fort, „ein griechischer Dichter aus der Zeit des Cicero, begrüßte die Erfindung der Wassermühle zum Mahlen des Getreides, diese Elementarform aller produktiven Maschinerie, als Befreierin der Sklavinnen und Herstellerin des Goldenen Zeitalters!" Hingegen hätte Paracelsus (Theophrastus Bombastus von Hohenheim, 1493–1541), stünde im Daudedsching statt Dau Gott, dem dauistischen Ideal des Kap. 80 wahrscheinlich vorbehaltlos zugestimmt. Auch ihm schwebte ein zukünftiges „Reich Gottes auf Erden" vor, in dem „wird aus sein all Menschengesetz, Lehr, Weisheit, Fürsichtigkeit (Vorsicht, Vorsorge) und alles, womit sie umgehen..." (K. Goldammer, „Paracelsus", Stuttgart 1960, S. 187).
Warum dieser gewaltige Unterschied zwischen Aristoteles' und Antipatros' Traum von einer Welt, in der maschinelle Arbeit menschliche Mühe ersetzen und damit die Sklaverei aufheben würde, und der Sehnsucht der frühen Dauisten und Paracelsus' (und noch vieler anderer Denker; siehe A. O. Lovejoy und G. Boas, A Documentary History of Primitivism and Related Ideas, Baltimore 1935) nach einer

„Rückkehr" zu urgesellschaftlich kommunistischen Lebensformen? Der Grund ist wahrscheinlich darin zu suchen, daß Aristoteles und Antipatros unter den Bedingungen eines Sklavenhalterstaats mit hochentwickelten und in großen Städten zentralisierten Manufakturen nur im technischen Fortschritt die Möglichkeit einer ökonomischen und sozialen Befreiung des „instrumentum vocale" sehen konnten, indes die frühen Dauisten und Paracelsus, wenn auch auf sehr unterschiedlichen Stufen der historischen Entwicklung, das Hauptanliegen ihrer Zeit in der Befreiung der leibeigenen Bauernschaft vom Joch feudalpartikularistischer Ausbeutung sahen. Interessanterweise war auch Paracelsus' Weltbild von jenen für bäuerliche Lebensformen charakteristischen Vorstellungen der Interrelation von Mensch, Erde und Gestirn (Himmel), von Gestirn (Himmel, Jahreszeiten) und Metallen bzw. Elementen (vgl. die Fünf Elemente der Chinesen, Anm. zu Kap. 78) stark beeinflußt. Auch in verschiedenen Kulturbereichen und diachron betrachtet, sind solche Ähnlichkeiten des Weltbilds und politischer Ideale wohl als mehr denn bloßer Zufall zu werten. Zerstörung des feudalistischen „Wissens" und Ritualismus sowie der feudalistischen Bodenbesitzverhältnisse und *rückkehr* zu einer *urtiefen gemeinsamkeit* waren seit jeher Parole und Triebkraft „störrisch" und „aufsässig" gewordener Bauernmassen. Doch während die frühen Dauisten „Verdummung" und die Schau *in der dinge geheimnis* als Allheilmittel empfahlen und den zyklischen Kreis „rückkehrend" zu schließen gedachten, brach Paracelsus immer wieder aus dem Kreis mittelalterlicher Vorstellungen heraus und tat viel „überflüssiges" – zwar nicht „wider die Natur", aber wider die „Weisen" seiner Zeit. Hier zeigen sich trotz aller über weite Zeitspannen hinwegreichenden Ähnlichkeiten auch diese zwangsläufig begleitenden zeitbedingten Unterschiede.

Eine Frage, die uns wahrscheinlich auch die frühen Dauisten kaum zufriedenstellend beantwortet hätten, ist: wie die Aufsplitterung in ihrer idealen Gesellschaftsordnung in kleine, voneinander getrennte naturalwirtschaftliche Einheiten (Dorfgemeinden) mit der auch von ihnen durchaus erwünschten Reichseinigung (vgl. Kap. 48, 57, 66 und 78) zu vereinbaren sei. Praktisch ist dieses Problem schwerlich lösbar.

Kapitel 81:

Die ersten drei Strophen dieses Kapitels klingen wie eine ironisierende Entschuldigung des Autors für alles Unschickliche, Ungeschickte und Ungelehrte (d. h. so Scheinende: denn hier schlägt die Ironie der Paradoxa in bitteren Ernst um), das er in seinem Werkchen der Welt der *namen* an den Kopf geworfen hat. Aber dieser Eindruck verfliegt sofort, wenn wir die Wucht der aus dem engmaschigen Sprachgefüge der Paradoxa hervordrängenden Aussagen tiefer empfunden haben: ähnlich wie in der anthropomorphen Göttlichkeit der kosmischen Ordnung in der Bibel werden hier die Werte der Welt umgedreht, in ihr Gegenteil verkehrt. Der Gott des alten Testaments droht: „Ich will zunichte machen die Weisheit der Weisen, und den Verstand der Verständigen will ich verwerfen" (Jesaia 29, 14). Und der Apostel Paulus fragt höhnisch: „Wo sind die Klugen? Wo sind die Schriftgelehrten? Wo sind die Weltweisen? Hat nicht Gott die Weisheit dieser Welt zur Torheit gemacht?" (I. Korinther, 7, 20.) Weise nach diesen Auffassungen sind nur jene, die ihre Weisheit ein- oder, besser gesagt, umschmelzen in der Allweisheit – im Gott der Bibel oder im Dau der Dauisten. Der magische Kern ist in beiden Weltvorstellungen fühlbar: Nur fehlt den Dauisten jeglicher Hang zur Hingabe an eine neue Autorität – einen anderen Despoten, der Gnaden und Strafen nach eigenem Gutdünken, nicht nach dem Universalgesetz eines Dau austeilen darf. Das Dau ist hereingeholt in die Gesellschaft; der Mensch ist nicht hinausgeworfen in den übersinnlichen Machtbereich eines je nach Laune gütigen oder bösen Tyrannen. Wenn sich das Dau verkörpert, so dann im Weisen – dem irdischen Vertreter des Dau, der jeder Gesellschaftsschicht angehören mag, der nur eines braucht, um im dauistischen Sinn weise zu sein: Selbstlosigkeit und damit Auflösung im Dau und Übereinstimmung mit ihm. Nur eines solchen Weisen Wort ist wahr (zuverlässig), nur er ist gut (selbstlos), nur er ist wissend. Und nur er bedarf nicht des Wortgeklingels, des geistreichen Herumredens, des Herbei- und Wegdisputierens, wie es die *glattzüngigen* nach Belieben zu tun pflegen, und der Scheingelehrsamkeit, die an *namen* haftet, ohne dem Urgrund des Benannten jemals näherkommen zu können. Er *verliert täglich,* weil er *dem Dau ergeben* (s. Kap. 48) und eben aus diesem Grund des unerschöpflichen Reichtums des Dau teilhaftig wird. Und wie das Dau *kreisend* ist, *nie sich erschöpfend* (s. Kap. 25) nur zum Nutzen, nie zum Schaden des Großen Stammes wirkt, so wirkt auch der Weise als menschlicher Vertreter des Dau: *und da er andern gibt, so mehrt er sich.* Denn da er, nach dem Dau handelnd, in seinen Handlungen dem De der Dinge entspricht, also zu *handeln ohne streit* gezwungen ist, so bleibt ihm auch sein eigenes De erhalten; und so gewinnt er mit dem Gewinn der Dinge immer neue Kräfte aus dem unerschöpflichen Kraftquell des Dau.

ZUR „BIOGRAPHIE" LAUDSES

In den „historischen Aufzeichnungen" (Schidschi) des Hof-Historiographen Si-ma Tschien (145–79 v. u. Z.) ist zwar eine „Biographie" Laudses (Kap. 63) enthalten, die auch mit einigen sehr konkret erscheinenden Angaben beginnt, sich dann aber sogleich im Reich des Mythisch-Legendären verliert und offensichtlich vom „Biographen" selbst als verdächtig und anfechtbar eingeschätzt wird.

„Laudse stammt aus dem Dorf Tschüren der Gemeinde Li im Kreis Ku des Staates Tschu. Sein Sippenname war Li, sein Vornamen Er (Ohr), sein Beinamen Boyang und sein postumer Titel Dan (Langohr). Er diente am Hof des Dschou-Königs als Archivar. Konfuzius kam nach Dschou, um Laudse über die Riten zu befragen. Laudse sprach zu ihm: ‚Was Ihr redet, betrifft Menschen, die mitsamt ihren Knochen längst schon vermodert sind. Nichts ist von ihnen geblieben als ihre Worte. Ein edler Mensch fährt im Wagen, wenn die rechte Zeit gekommen ist, und kommt sie nicht, so packt er sein Bündel und geht. Wie ich gehört habe, weiß ein guter Händler seinen Besitz zu verbergen, als besäße er nichts; der edle Mensch, reich an De, gleicht in seinem Äußeren dem Törichten. Tut ab Euren Hochmut und Eure Gier, Euer Gehabe und unziemliches Streben! Nichts davon wird Euch von Nutzen sein. Das ist es, was ich Euch zu sagen habe, und sonst nichts!'

Konfuzius ging. Zu seinen Schülern sprach er: ‚Von den Vögeln weiß ich, daß sie fliegen, von den Fischen, daß sie schwimmen, von den Tieren, daß sie laufen können; was läuft, vermag das Fangnetz zu fangen, was schwimmt, das kann die Angel, was fliegt, das kann der Pfeil erreichen. Doch vom Drachen weiß ich nicht zu sagen, wie er sich erhebt auf Wind und Wolken und in den Himmel steigt. Heute habe ich Laudse gesehen – ob er wohl gleich ist dem Drachen?' Laudse suchte Vollkommenheit im Dau und De. In seinen Lehren strebte er nach Zurückgezogenheit und Namenlosigkeit. Nachdem er lange Zeit am Dschou-Hof zugebracht und gesehen hatte, wie der Dschou-Staat verfiel, ging er fort. Als er zur Grenze kam, sagte der Grenzwächter Hsi (im Original: Guan ling-yin Hsi – eigentlich: Paßaufseher – Guan heißt Paß): ‚Ihr wollt Euch nun zurückziehen, Meister. So zwingt Euch doch um unseretwillen, Eure Gedanken niederzuschreiben.' Daraufhin schrieb Laudse ein Buch in zwei Abschnitten, in welchem er die Bedeutung des Dau und De behandelte. Nicht vielmehr als fünftausend Schriftzeichen (war alles, was er schrieb). Dann zog er von dannen, und niemand weiß, wo er sein Leben beschloß.

Manche sagen: Auch Laulaidse war ein Mann aus Tschu. Er schrieb ein Buch in fünfzehn Abschnitten über die Anwendung der Lehren der Schule des Dau. Auch er war ein Zeitgenosse des Konfuzius – und dergleichen mehr.

Laudse soll über hundertsechzig Jahre alt geworden sein – manche sprechen sogar von über zweihundert Jahren. Ein so hohes Alter habe er durch die Vervollkommnung im Dau erreicht. Einhundertundneunundzwanzig Jahre nach dem Tod des Konfuzius steht in der Chronik verzeichnet, daß ein Historiograph des Dschou-Hofs namens Dan bei einer Audienz dem Fürsten Hsiän von Tschin gesagt habe: ‚Anfangs waren Tschin und Dschou einig, trennten sich dann, waren getrennt für fünfhundert Jahre und wurden wieder einig, einig für siebzig Jahre – und ein Oberherr unter den Fürsten tritt hervor.' Manche behaupten, dieser Dan sei Laudse gewesen, andere wieder bestreiten es. So weiß denn niemand in der Welt, was richtig ist und was falsch.

Laudse war ein edler Mensch, der in Zurückgezogenheit lebte. Laudses Sohn hieß Dsung. Dsung war General im Staat We und wurde mit Duangan belehnt. Dsungs Sohn war Dschu, Dschus Sohn Gung und Gungs Urenkel Dschia. Dschia diente unter dem Han-Kaiser Wen (179–157 v. u. Z.). Dschias Sohn Dschie wurde Präzeptor des Prinzen Ang von Dschiauhsi. Deshalb ließ er sich in Tschi nieder.

Die Anhänger Laudses bekämpfen die Konfuzianer; die Konfuzianer wiederum bekämpfen die Anhänger Laudses. Das ist es wohl, was mit dem Satz gemeint ist: Wo man uneins ist über das Dau, gibt es keine Verständigung.

Li Er (= Laudse) (trat ein für) Umwandlung durch Nichthandeln und Wiederfinden des rechten Maßes durch reine Stille."

Die Begegnung zwischen Laudse und Konfuzius wird vom

gleichen Autor (Si-ma Tschien) in dem Konfuzius gewidmeten Kapitel (43) seiner „Historischen Aufzeichnungen" noch einmal geschildert. Laudses Abschiedsrede und Antwort Konfuzius gegenüber hat hier einen völlig anderen Wortlaut. Auch im „Buch der Riten" (Kap. 7) wird von Konfuzius' Interview mit Laudse (hier: Lau Dan) berichtet, nur daß in diesem konfuzianischen Werk Laudse tatsächlich detaillierte Auskunft über die „Riten" gibt – wohingegen in der „Biographie" (in den „Historischen Aufzeichnungen") und im Buch „Dschuangdse", wo in fünf Kapiteln (12, 13, 14, 21, 22) Konfuzius als Laudses Gesprächspartner auftritt, Konfuzius eine recht armselige Rolle spielt und Laudse ihn über alles andere nur nicht über „Riten" belehrt. Immer wieder wird Konfuzius von Laudse (als entschiedener Gegner der „Riten") verblüfft überzeugt und bekehrt. „Als Konfuzius einundfünfzig Jahre alt geworden war", heißt es im Kapitel 14 des „Dschuangdse", „und (noch immer) nicht das (wahre) Dau gefunden hatte, begab er sich südwärts nach Pe und suchte Lau Dan (= Laudse) auf..." Laudse beweist Konfuzius die Nichtigkeit seiner Begriffswelt, und Konfuzius, zutiefst erschüttert, „schwieg drei Tage lang, nachdem er Laudse gesehen hatte" (im Text handelt es sich vielleicht um eine andere – zweite – Begegnung mit Laudse während Konfuzius' Aufenthalt in Pe). Von seinen Schülern wegen seines beharrlichen Schweigens befragt, erwidert Konfuzius: „Nun habe ich hier einen Drachen erblickt (womit Laudse gemeint ist)... den Mund sperrte ich weit auf vor Verblüffung und konnte ihn nicht wieder schließen..." Wahrscheinlich hatten Si-ma Tschien und der Autor dieses Kapitels im „Dschuangdse" von der gleichen Quelle – d. h. Legende geschöpft, die sich um den „edlen Menschen, der in Zurückgezogenheit lebte" – das einzige, was in der „Biographie" des Laudse als durchaus glaubwürdig erscheint –, gebildet hatte. Hier hatte sich wahrscheinlich uraltes mythisches Gut aus Tschu, wo das „Drachenbootfest" seine Heimstatt hatte, mit einer mehr oder minder geheimnisvollen oder geheimnistuerischen Gruppe von Philosophen mit dem Nimbus des Magischen verwoben. Wie Si-ma Tschien nicht ohne Bitterkeit feststellt, bekämpften zu seiner Zeit die Konfuzianer die Anhänger Laudses. – Im Kampf mit anderen philosophischen Schulen brauchte man eine „Person" und zugleich ein Kult-Objekt. Daraus erklärt sich die wachsende Tendenz zu einem „Personenkult" des Meisters Konfuzius, aber auch des großen Antagonisten der „großen Heuchelei" und des Selbst, Laudse. Das geschah sicher nicht ganz ohne Zutun eben jener angeblichen Verfechter der Auslöschung der Persönlichkeit, der Dauisten oder „Laudseaner". Der „edle Mensch, der in Zurückgezogenheit lebte", entwickelte schon in manchen Kapiteln des Buchs „Dschuangdse" eine nicht mehr ganz selbstlose Überheblichkeit. Doch wie aus dem letzten Kapitel (33) des „Dschuangdse" hervorgeht, muß es eine Zeit gegeben haben, wo der „Grenzwächter" – in Wirklichkeit der Philosoph Guan Yin (vgl. S. 232 – Guan heißt nämlich nicht nur Paß, sondern ist auch ein Familienname) –, den Bertolt Brecht so hoch gepriesen hat, mit Laudse auf einer Stufe, ja vielleicht sogar vor oder über Laudse stand. Mit der Übersetzung der betreffenden Stelle wollen wir unsere Betrachtungen über die „Biographie" des „alten Meisters" schließen:

„Als Urgrund das Feine (die Samenkraft) zu betrachten, die Dinge als grob und das Aufspeichern als ungenügend zu erachten, gleichmütig und einsam in des Geistes Helle zu ruhn – Leute solcher Art, des Daus kundig, gab es in alten Zeiten. Guan Yin (,Grenzwächter') und Lau Dan hörten von ihren Anschauungen und waren hoch erfreut darüber ... Was hart ist, wird gebrochen, was scharf ist, abgestumpft. Immer weitherzig den Dingen gegenüber, in nichts beengend den Menschen – das kann man nennen unübertrefflich: Ach, Guan Yin und Lau Dan, waren sie nicht große und wahre Menschen!"

ZU ZWEI 1973 AUFGEFUNDENEN TEXTVARIANTEN DES DAUDEDSCHING

Alle Texte des Daudedsching, die uns bisher bekannt waren, hielten sich streng an zwei Unterteilungen: die in einundachtzig Abschnitte oder Kapitel, und die in einen „Ersten (oder Oberen) Teil" und „Zweiten (oder Unteren) Teil" bzw. in ein „Daudsching" (Schrift vom Dau) und „Dedsching" (Schrift vom De). Die letztere Unterteilung basierte auf der Annahme, daß die ersten siebenunddreißig Kapitel vornehmlich der Erklärung des Dau – des transzendentalen (wenn das Wort hier gestattet ist), ontologischen und kosmologischen Aspekts der dauistischen Lehre –, die übrigen vierundvierzig hingegen der Erklärung des De – der Anwendung der dauistischen Lehre im staatlichen (wenn hier das Wort gestattet ist), gesellschaftlichen und individuellen Leben – gewidmet sind. Daß eine so saubere und einfache klassifikatorische Bestimmung des Textes zwar dem menschlichen Anspruch auf „Ordnung", aber kaum der durchaus nicht so ordnungsliebenden und bewußten Mentalität der Dauisten entsprach, bedarf keiner weiteren Erläuterung. Nun wurden im Grab Nr. 3 von Ma-Wang-Due, einer Nekropole von Königen (Gouverneuren und Lehnsherren aus kaiserlichem Hause) der Han-Dynastie in der Nähe von Tschangscha, der Hauptstadt der heutigen Provinz Hunan, im Jahre 1973 unter anderen alten Schriften auch zwei auf Seidenrollen geschriebene Texte des Daudedsching gefunden, die zeitlich etwa zwischen 194 bis 180 anzusetzen sind und sich – außer im Duktus der Kopisten – kaum voneinander unterscheiden. Im Vergleich zu den uns bisher vorliegenden Texten jedoch finden wir zwei wesentliche Unterschiede:
1. Das „Dedsching" – also die Kapitel 38 bis 81 – steht vor dem „Daudsching" – den Kapiteln 1 bis 37;
2. Beide Texte bilden ein fortlaufendes – und natürlich nichtinterpunktiertes (vgl. S. 7) – Ganzes, sind also nicht wie alle späteren Texte des Daudedsching in Abschnitte oder Kapitel unterteilt;
3. Beide Texte strotzten vor – wir würden sagen – ortho-

graphischen Fehlern, d. h. von deutlichen Anzeichen des unrichtigen Gebrauchs eines anderen Schriftzeichens als des dem Inhalt gemäßen und erforderlichen – also eine Substitution von Schriftzeichen, die zwar meist gleichlautend, aber ihrem Sinn nach bedeutungsverschieden sind.
Beruhigend für uns hingegen ist die Tatsache, daß es so gut wie keine inhaltlichen Unterschiede zwischen den bisher bekannten und diesen weitaus älteren Textabschriften gibt. Die in unserem Bändchen vorliegende Übersetzung ist demnach – soweit das für uns Heutige überhaupt möglich ist – immer noch als korrekt anzusehen.
Doch ergeben sich aus den neuaufgefundenen Texten einige Fragen:
1. Warum steht in den beiden Han-Manuskripten das „Dedsching" vor dem „Daudsching"? Die beiden chinesischen Gelehrten Gau Heng und Tschih Hsi-tschau erklären dies in einem Artikel in der archäologischen Zeitschrift „Wen Wu" (Nr. 11, Oktober 1974) aus der politisch-wirtschaftlichen Konstellation der damaligen Zeit. Nach den Unruhen und Kämpfen, die der Gründung des Han-Reichs vorangingen, erwies sich die dauistische Lehre unter der Losung des „Ausruhens mit dem Volk" als günstig für die Wiederherstellung einer politisch-wirtschaftlichen Stabilität. Zugleich jedoch wurden die dauistischen Begriffe legalistisch ausgelegt: Nichthandeln z. B. wurde als „Nicht-dem-Gesetz-Zuwiderhandeln" interpretiert. Das Hauptaugenmerk der Han-Regierung aber lag nicht auf den „transzendentalen" Aspekten der dauistischen Lehre, sondern auf einem mehr oder minder konkreten „De" – praktisch anwendbaren Verhaltensnormen in einer Periode dringend nötiger Konsolidierung. Daher das „Dedsching" vor dem „Daudsching".
2. Inwieweit berechtigt uns die Nichtunterteilung dieser frühen Textvarianten des Daudedsching zu einer Neuunterteilung des vorliegenden Textes? Zweifellos finden wir in den einundachtzig Kapiteln der herkömmlichen Ausgabe Passagen, die nicht in das betreffende Kapitel zu passen scheinen. So z. B. betrachten die beiden bereits erwähnten chinesischen Gelehrten die Kapitel 18 und 19 als inhaltlich zusammengehörig. Ich wiederum würde z. B. das Kapitel 46 nach der vierten Zeile unterteilen, obzwar sich natürlich – auf Grund der durchgängigen Grundkonzeption des Dau-

dedsching – ein Zusammenhang zwischen den beiden lose aneinandergefügten Passagen des Kapitels unschwer herstellen läßt. Trotzdem erscheint es derzeit noch als unangebracht, mehr als Vermutungen über eventuelle Umstellungen in den Kapiteln und im Text des Daudedsching überhaupt zu äußern. Warten wir ab, ob bei der Fülle von Neuentdeckungen der chinesischen Archäologen nicht noch andere Textvarianten auftauchen.

3. Inwieweit berechtigt uns die „falsche Orthographie" zu Richtigstellungen oder Neuinterpretationen? Hier, glaube ich, ist der Aktionsradius eher begrenzt. Die chinesischen Philologen haben seit Jahrhunderten die Texte des Daudedsching mit großem Scharfsinn und Wissen verglichen und alle Lösungsvarianten gegeneinander abgewogen. Daß wir in Anbetracht der „falschen Orthographie" der neuentdeckten Han-Texte so schnell und so gründlich die Fehler bereinigen konnten, verdanken wir dem Fleiß und der Akribie eben dieser Generationen großer chinesischer Gelehrter. Nur in sehr wenigen Fällen ließe sich eine neue Deutungsmöglichkeit vermuten.

Nach all dem oben Gesagten sehen wir derzeit keine Notwendigkeit, den Text der Übersetzung den Han-Manuskripten anzugleichen. Wenn die beiden chinesischen Gelehrten, Gau und Tschih, recht haben sollten, so wurde ja in den zwei Han-Manuskripten eben nur aus zeitpolitischen Gründen eine im Prinzip „undauistische" Umstellung der Kapitel vorgenommen. Den Dauisten steht das Dau vor dem De – die kosmisch-gesellschaftliche Harmonie vor der Staatsordnung.

LITERATURVERZEICHNIS

Si-ma Tschien: Historische Aufzeichnungen (Schi-dschi). Palastausgabe der dynastischen Geschichtswerke.
Erya (ältestes enzyklopädisches Werk Chinas). In: Si-Bu Tsungkan 04.
Dadailidschi (Buch der Riten des älteren Dai). In: Si-Bu Tsungkan 004.
Su Tsche (Su Dung-po): Dung-po Tschüan-dschi. In: Si-Bu Tsung-kan 051.
Tschen Schou: Aufzeichnungen über die „Drei Reiche" (Sanguo-dschi). 1644 o. O.
Fan Ye: Hohanschu (Geschichte der Späteren Han-Dynastie). Schanghai 1884.
Chavannes, E.: Mémoires Historiques de Se-Ma Ts'ien. 5 vols. Paris 1895–1905.
Rémusat, A.: Mémoire sur la vie et les oeuvres de Lao-tseu. Zit. nach: V. von Strauss: Laò-Tsès Taò Tĕ Kîng. Leipzig 1924.
Strauss, V. von: Laò-Tsès Taò Tĕ Kîng. Leipzig 1924.
Yündschi tschitschien (dauistische Kollektaneen – wörtlich: Sieben Tafeln aus dem Wolken-[= dauistischen] Ranzen). In: Daudsang. Schanghai 1924–26.
Buch der Dokumente (Schu-dsching). In: Si-schu Wu-dsching. Schanghai 1936.
Buch der Lieder (Schih-dsching). In: Si-schu Wu-dsching. Schanghai 1936.
Buch der Riten (Li-dschi). In: Si-schu Wu-dsching. Schanghai 1936.
Buch der Wandlungen (I-dsching). In: Si-schu Wu-dsching. Schanghai 1936.
Da Hsüe (die „Große Wissenschaft" oder das „Große Lernen"). In: Si-schu Wu-dsching. Schanghai 1936.
Dschungyung (Lehre von der Mitte). In: Si-schu Wu-dsching. Schanghai 1936.
Dsodschuan (Dsos Kommentar zu den „Frühling- und Herbst-Annalen"). In: Si-schu Wu-dsching. Schanghai 1936.

Gespräche des Konfuzius (Lun Yü). In: Si-schu Wu-dsching. Schanghai 1936.

Hsündse. In: Si-schu Wu-dsching. Schanghai 1936.

Mengdse (Mencius). In: Si-schu Wu-dsching. Schanghai 1936.

Eberhard, W.: Untersuchungen über den Aufbau der chinesischen Kultur. Lokalkulturen im Alten China. Peking 1942.

Ni Tsching-yüan: The Etymological Approach to the Ancient Chinese Concept of Man and Non-being. In: SACA (Sino-Austrian Cultural Association)-Journal. Nanking 1949.

Hou Wai-lu u. a.: Dschungguo Si-hsiang Tungschih (Geistesgeschichte Chinas). Peking 1951.

Buch des Philosophen Schendse (Schen Dau). In: Dschu-dse Dschi-tscheng. Peking 1954.

Dschuangdse. In: Dschu-dse Dschi-tscheng. Peking 1954.

Dschu Tschien-dschih: Laudse Dschiaushi (Das Buch Laudse mit textkritischen Bemerkungen und Erklärungen). Schanghai 1954.

Guandse. In: Dschu-dse Dschi-tscheng. Peking 1954.

Hanfedse. In: Dschu-dse Dschi-tscheng. Peking 1954.

Huainandse (Buch des Philosophen Huainan – König Liu An von Huainan, unter dessen Patronat dieses Werk geschrieben und kompiliert wurde). In: Dschu-dse Dschi-tscheng. Peking 1954.

Laudse (mit Kommentaren von Wang Bi und We Yüan). In: Dschu-dse Dschi-tscheng. Peking 1954.

Modse (Buch des Philosophen Mo Di). In: Dschu-dse Dschi-Tscheng. Peking 1954.

Ruben, W.: Geschichte der indischen Philosophie. Berlin 1954.

Schangdschünschu (Buch des Gung-sun Yang oder Schang Yang). In: Dschu-dse Dschi-tscheng. Peking 1954.

Jang Ching-schun: Der chinesische Philosoph Laudse und seine Lehre). Berlin 1955.

Gau Heng: Laudse Dscheng Gu (Berichtigungen und Erläuterungen zum Buch Laudse). Peking 1956.

Dschiang Liang-fu: Tschü Yüan Fu Dschiau-dschu (Textkorrekturen und Kommentar zu den Werken Tschü Yüens). Peking 1957.

Watts, A. W.: The Way of Zen. New York 1957.

Wilhelm, R.: Laotse: Taoteking. Das Buch des Alten vom Sinn und Leben. Düsseldorf/Köln 1957.

Pätsch, G.: H. Eildermann und die Urreligion. In: Wiss. Zeitschrift der Humboldt-Univ. Berlin, Jg. VII, Nr. 3, 1957/58.

Eliade, M.: Myths, Dreams and Mysteries. London 1960.

Frazer, J. G.: The Golden Bough. Abridged ed. London 1960.

Goldammer, K.: Paracelsus. Stuttgart 1960.

Dschang Heng: Huntienyidschu. In: Dschungguo Dschehsüeschih Dseliau Hsüendschi (Ausgewählte Materialien zur Geschichte der chinesischen Philosophie). Han-Texte Bd. II. Peking 1961.

Needham, J.: Science and Civilisation in China. Bd. II. Cambridge 1961.

Marx, K./Engels, Fr.: Werke. Berlin 1962.

Thomson, G.: Die ersten Philosophen. Berlin 1961.

Drioton, Étienne u. a.: Die Religionen des alten Orients. Aschaffenburg 1963.

Grimal, P.: Mythen der Völker. Frankfurt 1963.

Schwarz, E.: Die klassische chinesische Literatur und das Weltbild Chinas im Feudalzeitalter. In: Mitteilungen des Instituts für Orientforschung, Bd. X, Heft 2/3, Berlin 1964.

Dschia-gu-wen-bien (Kompilation von Schriftzeichen in Orakelknochen-Inschriften). Komp. von der Academie Sinica, Abt. für Archäologische Forschungen. Peking 1965.

Granet, M.: La civilisation chinoise. Paris 1968.

Schwarz, E.: Über Spätformen der Militärischen Demokratie und gentilgesellschaftlicher Verhältnisse im Chu-Staat. In: Ethnogr.-Archäol. Z., 10, Berlin 1969.

Gau Heng und Tschih Hsi-tschau: Schih-tan Ma-Wang-due dschung di Bo-schu „Laudse" (Versuch einer Einschätzung des Seidenmanuskripts des Buchs „Laudse" im Han-Grab von Ma-Wang-due). Wenwu Nr. 11. Peking 1974.

INHALT

Einführung 5

Daudedsching 51

Anhang 133

Anmerkungen 135

Zur „Biographie" Laudses 231

Zu zwei 1973 aufgefundenen Textvarianten des Daudedsching 235

Literaturverzeichnis 238

RECLAM-VERLAG LEIPZIG
Nonnenstraße 38 · O-7031 Leipzig

Älian, Bunte Geschichten
Band 1351. 5,– DM

Codex Justinianus
Band 1368. 10,– DM

Funkelnd wie Blitze, so grell
Epigramme aus der Anthologia Graeca
Band 1036. 10,– DM

Griechische Atomisten
Texte und Kommentare
zum materialistischen Denken der Antike
Band 409. 20,– DM

Flavius Josephus,
Der Judäische Krieg
Band 359. 9,– DM

Fritz Jürß, Vom Mythos der alten Griechen
Deutungen und Erzählungen
Band 1230. 5,50 DM

Das schöne Buch

Das Buch von Alexander
dem edlen und weisen König von Makedonien
Mit den 198 Miniaturen der Leipziger Handschrift   72,– DM

Longos,
Daphnis und Chloe
Mit Holzschnitten von Aristide Maillol   16,– DM

Ovid,
Metamorphosen
Mit den Radierungen von Pablo Picasso   22,– DM

ANTIKE LITERATUR

Geschichte der Philosophie

Willy Hochkeppel:
War Epikur ein
Epikureer?
Aktuelle Weisheits-
lehren der Antike
dtv 10360

Erich Jantsch:
Die Selbstorganisation
des Universums
Vom Urknall zum
menschlichen Geist
dtv 4397

Klassiker des philo-
sophischen Denkens
Herausgegeben von
Norbert Hoerster
2 Bände
dtv 4386/4387

Klassische Texte der
Staatsphilosophie
Herausgegeben von
Norbert Hoerster
dtv 4455

Panajotis Kondylis:
Die Aufklärung im
Rahmen des neuzeit-
lichen Rationalismus
dtv/Klett-Cotta 4450

Wolfgang Bauer:
China und die
Hoffnung auf Glück
Paradiese, Utopien,
Idealvorstellungen in
der Geistesgeschichte
Chinas
dtv 4547

Christopher Robert
Hallpike:
Die Grundlagen
primitiven Denkens
dtv 4534

Ernst R. Sandvoss:
Geschichte der
Philosophie
Band 1: Indien, China,
Griechenland, Rom
dtv 4440
Band 2: Mittelalter,
Neuzeit, Gegenwart
dtv 4441

Texte zur Ethik
Herausgegeben von
Dieter Birnbacher und
Norbert Hoerster
dtv 4456

Der Traum vom
besten Staat
Texte aus Utopien
von Platon bis Morris
Herausgegeben von
Helmut Swoboda
dtv 2955

Rolf Wiggershaus:
Die Frankfurter Schule
Geschichte. Theore-
tische Entwicklung.
Politische Bedeutung
dtv 4484